골드 월드

왜 금인가?

조문환

고려대 불어불문학과를 졸업하고 동대학 경영대학원을 수료하였으며, 경기대
정치학 석사를 취득하였다. 파리국립은행 국제금융과정에서 골드 마켓을 연구
하였다. 제일은행·뉴욕 현지법인은행·베트남 합작은행 시스템 감사, 대한주택
공사 사외이사, 한국철도공사 코레일전기 감사, ㈜동광·서울 귀금속클러스트
조합 이사장 등을 역임했다.

오랜 금융기관 경험을 바탕으로 국제금융 전문가이자 공공기관 및 기업 경영
인으로 활동하였고, 우리나라 금시장의 연구와 발전에 지속적으로 공헌하고 있
다. 2002년 금 전문서 《골드 마켓》을 출간하였다.

나남신서 2183

골드 월드
왜 금인가?

2024년 11월 10일 초판 발행
2024년 11월 10일 초판 1쇄

지은이   조문환
발행자   趙相浩
발행처   ㈜나남
주소   10881 경기도 파주시 회동길 193
대표전화 (031) 955-4601
FAX   (031) 955-4555
등록   제1-71호(1979.5.12)
홈페이지   http://www.nanam.net
전자우편   post@nanam.net

ISBN   978-89-300-4183-6
         978-89-300-8655-4 (세트)

나남신서 2183

골드 월드

왜 금인가?

조문환 지음

나남
nanam

이탈리아 피렌체에서 1252년부터 주조된 플로린(Florin) 금화. 중세 유럽에서 피렌체는 무척 부유한 도시였기에 플로린은 24K 순금으로 만들어졌고, 유럽 전체로 퍼져나가 통용되었다. 한쪽 면에는 피렌체의 상징인 백합 문장이, 다른 쪽 면에는 수호성인 요한이 새겨져 있다.

1663년에서 1814년까지 주조된 영국의 기니(Guinea) 금화. 명칭은 원료가 되는 금이 주로 서아프리카 기니에서 수입되었다는 데에서 유래했다.

프랑스 나폴레옹 3세의 100프랑 금화. 앞면에는 황제의 옆모습이, 뒷면에는 '프랑스 제국'이라는 뜻의 'Empire français'가 새겨져 있다. 금본위제도 시기에 널리 통용되었던 상징적인 금화이다.

영국의 소버린(Sovereign) 금화. 1816년 영국 화폐주조법(Coinage Act)이 제정되면서 1파운드의 가치를 가진 소버린 금화가 만들어졌으며, 20세기 초까지 공식 화폐로 사용되었다. 앞면에는 영국 군주의 모습(위 사진에서는 빅토리아 여왕)이, 뒷면에는 성 게오르기오스와 용이 새겨져 있다.

스위스 20프랑 금화. 앞면에는 헬베티아 여신의 옆모습과 함께 금화의 정식 명칭인 라틴어 'Confederatio Helvetica'가 새겨져 있다.

남아프리카공화국의 금 거래 시장 활성화를 위해 1967년부터 주조된 크루거랜드(Krugerrand) 금화. 1980년까지 전 세계 금화 시장의 90%를 차지했다. 크루거랜드라는 이름은 트란스발공화국의 대통령 '폴 크루거'와 화폐 단위인 '랜드'의 합성어이다.

1850년부터 1933년까지 발행되었던 미국의 더블 이글(Double Eagle) 금화. 더블 이글은 금본위제와
함께 83년간 유통되었다. 높은 압출로 제작되어 세밀한 묘사가 돋보이며, 입체감이 두드러져 아름답다.
금화의 앞면에는 자유의 여신상과 미국 50개 주를 뜻하는 별 50개가, 뒷면에는 태양 위를 날아가는
독수리가 새겨져 있다. 2021년 6월 열린 뉴욕 소더비 경매에서 더블 이글이 1,890달러
(한화 약 210억 원)에 판매되어 화제가 되었다.

소지자에게 액면가만큼의 금화를 지급할 수 있다고 명시한 미국의 금 증서(gold certificate).
사진은 1928년에 발행한 5,000달러 금 증서이다. 앞면에 미국의 4대 대통령
제임스 매디슨(James Madison)의 초상화가 들어가 있다. 금 증서를 통한 환매는 1933년
중지되었지만, '금 증서'라고 불리는 지폐들은 지금도 아주 드물게 유통되고 있다.

1694년 설립되어 세계 금 거래의 중심이 되고 있는 런던의 영국중앙은행(Bank of England).
한국의 보유 금은 모두 영국중앙은행에 보관되어 있다. 2024년 7월 기준, 런던금시장협회의 3개 은행과
3개 금고 회사는 금괴 약 69만 개(8,651톤)를, 영국중앙은행 금고는 금괴 약 40만 개(5,290톤)를 보관하고
있다. 한편, 뉴욕연방은행은 금괴 약 49만 개(6,190톤), 미국 재무성은 포트녹스 금고에 금괴 약 4,500톤
을 보관하고 있다.

1944년 7월 브레튼우즈 협정이 체결된 미국 뉴햄프셔주 브레튼우즈의 마운틴 워싱턴 호텔.
이 협정을 통해 국제통화기금이 설립되고, 달러를 중심으로 한 금환본위제가 채택되었다.

서문

이 책은 금과 화폐가 어떻게 세계경제를 형성하고 변화시켜 왔는지에 관한 놀라운 이야기를 탐구함으로써, 금이 가진 진정한 힘과 그 비밀을 알아보고자 한다.

17세기부터 제1차 세계대전까지 영국은 전 세계의 절반을 식민지로 삼았고, 식민지 무역의 결제 수단이었던 파운드화는 전세계에 통용되었다. 또한, 영국이 금본위제Gold Standard를 도입함으로써 파운드화가 기축통화基軸通貨로 자리매김하게 되었다. 당시 영국은 "해가 지지 않는 나라"라는 별명을 얻었으며 '팍스 브리태니커Pax Britannica'라는 새로운 세계 질서를 만들어 냈다.

한편, 제1차 세계대전 이후 미국은 채무국에서 채권국이 되었으며, 중화학공업의 발전과 수출입 증대로 막대한 양의 금이 유입되면서 세계 최대 금 보유국이 되었다. 1940년 미국의 금 보유량은 1만 9,543톤으로 전 세계 보유량의 절반 이상을 차지하였다. 제2차 세계대전을 기점으로 승전국인 미국은 세계 통화질서를 달러화 중심으로 바꾸었다. 달러화가 국제적인 결제 수단으

로 사용됨에 따라, 달러화는 파운드화를 대신하여 기축통화의
자리를 차지하였다.

이후 아프리카의 아주 작은 사회주의 국가들뿐만 아니라 미국
의 적대국들까지도 기축통화인 달러를 사용하게 되었다. 또한,
전후 미국은 전 세계 금 보유량의 3분의 2 이상을 차지하면서 막
강한 경제력과 군사력을 바탕으로 '팍스 아메리카나Pax Americana'
를 이룩하였다.

영국 중심의 식민지 무역을 기반으로 발전한 금본위제를 19세
기 들어 많은 나라가 채택하였고, 1944년 7월 브레튼우즈 협정
Bretton Woods Agreements으로 미 달러화가 금태환金兌換을 보증하게
되면서 금환본위제Gold Exchange Standard가 성립되었다. 이 과정에
서 여러 나라, 특히 강대국들이 금 보유를 중시하게 되었고, 현재
까지도 외화준비外貨準備의 일환으로 금을 보유하려고 노력하고
있다.

전후 기축통화인 미국의 달러화가 국가 간 결제에 사용되었기
에 달러환본위제Dollar Exchange Standard가 국제경제의 중심축이 되어
갔으나, 1971년 8월 미국의 금태환 정지 선언으로 금과 달러화의
교환제도는 폐지되었다. 현재 국제통화기금IMF에 의해 관리되는
국제통화체제에서 금은 폐화廢貨되었지만, 2023년 말 기준 전 세
계 중앙은행들의 금 보유량은 3만 6,700톤에 달한다. 이는 금이
여전히 중요한 외화준비자산外貨準備資産으로 가치를 인정받고 있
음을 의미한다.

그러나 우리나라의 경우 2023년 말 기준 한국은행의 금 보유

량은 104.4톤이었고, 세계 순위 38위에 불과했다. 타이완, 필리핀, 싱가포르 등과 비교할 때 매우 저조한 수치이다. 외환보유고 중 금의 구성비도 1.7%로 낮은 편이어서, 미국이나 타이완 등의 국가와 큰 차이가 있다.

금은 폐화되어 통화에서 금속이 되었지만, 여전히 공식적인 외환보유액International Reserves 집계에 포함되며, 유럽중앙은행은 유로Euro화 지급 시 15%의 금을 예치하도록 규정하는 등[1] 아직도 금본위제가 살아 있다. 뿐만 아니라 많은 국제기관과 민간 기구에서 금의 역할과 기능에 관한 연구가 활발히 진행되고 있다. 왜냐하면 금은 국제통화체제에서 외화준비자산으로서 가치가 높고 경기변동에도 영향을 받지 않는 독특한 자산이기 때문이다.

《골드 월드》는 세계 제국들의 경제사를 논하고자 하는 것이 아니며, 그들의 경제 발달 과정을 말하고자 하는 것은 더더욱 아니다. 이 책은 금의 역사적 기능뿐만 아니라 금이 시장에서 발휘하는 다양한 영향력을 다룬다. 금이 지닌 투자상품으로서의 가치, 금의 시장가격을 결정하는 요인들, 그리고 금시장의 역사적 변천 과정 등이 포함된다. 특히 1950년 이후 금 생산과 매입 정책을 소개하는 〈한국은행의 금 정책 주요 내용〉은 필자가 어렵게 수집한 자료로, 사료적 가치가 높아 소개하고자 한다.

1　유럽중앙은행 설립 조항 제30조(Statute of the European System of Central Banks and of the European Central Bank).

필자는 1980년 프랑스 파리국립은행Banque Nationale de Paris의 국제금융과정에서 '골드 마켓'을 연구한 내용을 토대로 2002년 금 전문 서적인 《골드 마켓》을 출간했고, 2004년에는 증보판을 냈다. 그리고 최근 국제 금시장에서 활성화되고 있는 금의 상장지수펀드ETF 거래를 포함하여, 금의 다양한 기능과 역할을 다시 한번 조명하고자 《골드 월드》를 집필하게 되었다. 이 책이 금의 과거와 현재, 그리고 미래를 이해하는 데 큰 도움이 되기를 희망한다.

2024년 11월
조문환

차례

4부   우리나라 금의 역사와 금시장

일러두기

1. 금의 무게 단위인 '트로이온스(troy ounce)'는 '온스'로 통일하여 표기하였다.
2. 본문에 쓰인 화폐 단위 '달러'는 미국 달러(USD)를 의미하며, 다른 국가의 달러
   가 언급될 경우 국가명을 함께 표기했다.
3. 1950년 한국은행 설립 이후부터 1953년 2월 긴급통화조치 이전까지 사용했던
   화폐 단위 '원(圓)'은 모두 한자 '圓'을 병기하였으며, 1962년 6월 긴급통화조치
   이후 사용하게 된 화폐 단위 '원'은 규정대로 한글로만 표기하였다.

프롤로그

세계금협회WGC: World Gold Council의 자료에 따르면, 역사적으로 지구에서 채굴된 금의 총량은 약 21만 2천 톤이다. 1950년 이후에만 3분의 2가 채굴되었으며, 앞으로 남은 매장량은 약 5만 9천 톤에 불과하다. 이는 향후 10~15년 이내에 매장된 금이 고갈될 수 있음을 의미한다. 기후 변화, 환경 문제, 생산 비용 증가 등으로 인해 경제성이 있고 채굴 가능한 금의 양은 더욱 줄어들 것으로 예상된다. 이와 같은 제한적 공급은 금 가격의 상승을 불가피하게 만든다.

현재 세계경제는 다양한 불안 요소로 가득하다. 미국의 과도한 국가부채, 미·중 경제 갈등, 화폐전쟁, 지정학적 분쟁, 불법 이민과 난민 문제, 자원 고갈 등이 그 예다. 이러한 상황에서 일부 국가의 중앙은행들은 달러와 같은 기축통화에 대한 대안으로 금 보유량을 늘리고 있다. 특히 중국, 러시아, 인도, 튀르키예 등이 금 매입에 적극적이다. 금은 인플레이션 헤지, 가치 보존, 수익성 확보, 유동성 측면에서 우수하며, 전쟁과 같은 위기 상황에서도 안정적인 자산으로 인정받고 있다. 수요 증가에 따라 금값은 지속해서 상승하고 있다.

국제적인 경제발전으로 선진국뿐만 아니라 신흥국新興國에서도 부가 급속히 축적되고 있다. 이에 따라 개인 투자자들 사이에서도 주얼리, 금괴, 금 상장지수펀드ETF 등의 형태로 금 투자 열풍이 불고 있다. 특히 인플레이션에 대한 헤지 수단과 자산 보전의 목적으로 금 투자가 확대되고 있으며, 부유층을 중심으로 금에 관한 관심이 높아지고 있다.

금은 화폐의 전통적 기능을 모두 갖추고 있다. 금은 가치 척도로 활용되며, 가치 저장·교환·지불 수단의 역할을 수행하고, 거래 단위가 되는 등 화폐의 속성을 모두 가진다. 내구성·휴대성·균일성·희소성의 특성도 지닌다. 또한, 위조가 거의 불가능해 신뢰도가 높다. 따라서 금 투자는 투기가 아니라 현명한 자산 운용 전략이며, 경제적 불확실성에 대비하는 안전망과도 같다.

지난 50년 동안 전 세계적으로 인플레이션이 심각했다. 30년 전 현금 100만 원의 가치는 현재 20만 원 수준으로 하락했다. 그러나 그 100만 원으로 금을 구매했다면 그 금은 현재 최소 800만 원의 가치를 지니며, 금화를 구매했을 경우에는 1,500만 원 이상의 가치를 가지게 되었다. 이처럼 금은 시간이 지나도 그 가치를 잃지 않는 뛰어난 저장 수단이다. 종이 화폐의 가치가 감소하는 것과 달리, 금의 가치는 시간이 지날수록 더욱 높아진다.

세계금협회의 자료에 따르면, 2024년 상반기 금의 수익률은

12.74%로 미국 주식(15.64%)에 이어 두 번째로 높았다. 이는 미국 국채 및 채권, 선진국 및 신흥국의 주식과 채권 수익률을 웃도는 수준이다. 또한 2024년 3월 기준 블룸버그 자료를 활용한 한국은행의 보고서에 따르면, 과거 30년간 금의 연평균 수익률은 6%로 채권 수익률보다 높았다. 이러한 데이터는 금이 안정적 수익을 보장하는 매력적인 투자자산임을 보여준다. 부동산 투자와 비교해도 금의 수익률은 주목할 만하다. 30년 전에 비해 현재 도심 아파트 가격은 약 14배 상승했지만, 대출 이자와 세금 등을 고려하면 실질 수익률은 그리 높지 않다. 반면, 금값은 같은 기간 동안 7~8배 상승하여 안정적으로 자산을 증대시켰다.

1990년 우리나라의 통화 유동성(M_2)은 145.6조 원에서 2024년 6월 기준 4,040조 원으로 약 28배 증가했다. 같은 기간 국내 총생산GDP은 200조 원에서 2,401조 원으로 약 12배 증가했으며, 코스피·코스닥 시가총액은 79조 원에서 2,692조 원으로 약 34배 늘어났다. 이러한 경제 성장에도 불구하고 서민들의 자산 증가는 그만큼 이루어지지 않았다. 그러나 금값은 1990년 기준 그램당 9,480원에서 2024년 6월 기준 그램당 10만 3,193원(한국은행 경제통계시스템)으로 11배 이상 상승하여, 인플레이션으로 인한 자산 가치 하락을 효과적으로 방어했다. 따라서 일반 시민들도 경제적 왜곡으로부터 스스로를 보호하기 위해서 금에 투자하는 것이 현명하다.

미국 부자들의 자산 포트폴리오에서 금의 비중은 5~10%에 달하지만, 우리나라 부자들의 자산 포트폴리오에서 금의 비중은

0.5~1%에 불과하다. KB금융지주경영연구소의 〈2023년 한국 부자 보고서〉에 따르면, 국내 부자 45만 6천 명의 총자산 중 기타 자산(회원권, 금, 보석, 미술품 등)이 428조 원에 이른다. 이 중 절반가량을 금으로 충당한다면, 추가로 약 1,600톤의 금이 필요하다. 이러한 금 수요의 증가는 금값 상승을 촉진할 것이다. 경제를 잘 아는 부자들은 이미 이러한 흐름을 인지하고 금 투자를 확대하고 있다.

금은 전쟁이나 공황 등 위기 상황에서 신뢰할 수 있는 안전자산이다. 언제 어디서나 교환이 가능하며, 소량으로도 높은 가치를 지닌다. 예를 들어, 2023년 기준 금 1그램은 10만 원의 가치를 가지며, 이는 위기에서 현금보다 유용하게 활용될 수 있다. 또한, 다양한 형태로 보유할 수 있어 보관과 운반이 쉽다.

증여와 상속 측면에서도 금은 효율적이다. 거액의 현금을 이동시키거나 금융 거래를 통해 자산을 이전하면 추적이 쉽지만, 금을 통한 자산 이전은 비교적 안전하고 비밀스럽게 이루어질 수 있다. 작은 크기로도 큰 가치를 지니기 때문에 보관이 쉽고, 필요할 때 언제든지 현금화할 수 있다.

국제통화기금IMF에 따르면, 전 세계 인구의 65%는 선진국과 중진국에 속하며, 이들 국가의 중앙은행과 소비자들은 지속해서 금을 매입하고 있다. 특히 중진국과 개발도상국의 경제 성장에 따라 금 수요는 더욱 증가할 전망이다. 이러한 국제 수요 증가는 금값 상승을 지속해서 견인할 것이다.

현재 세계경제는 인플레이션의 압박으로 일반 소비자들의 자산 가치가 하락하는 상황에 직면해 있다. 정부와 기업은 유동성 확대와 경제 성장을 추구하지만, 이미 유동성 과잉에 따른 자산 거품은 위험한 수준에 이르렀다. 그 위험 부담은 결국 일반 소비자들에게 전가된다. 이러한 상황에서 금은 인플레이션으로부터 자산 가치를 보호해 주는 역할을 한다. 금에 투자함으로써 개인은 경제적 불안정성과 화폐가치 하락에 대비할 수 있으며, 장기적으로 안정적인 자산 증식을 이룰 수 있다.

금은 실물자산이다. 신용을 바탕으로 이루어지는 신용 본위제도는 금융 위기나 경기침체를 반복한다. 과도한 유동성으로 인한 개인·기업·정부의 엄청난 부채 증가, 지나친 신용 공급으로 인한 주식·부동산 등 자산 가격의 거품, 경제 상황에 따라 요동치는 화폐가치의 불안정, 금융기관과 부유층에게 유리하게 작용하는 신용 창출로 인한 부의 불평등 심화, 부실 대출 남발에 따른 금융 시스템 위기 등의 경제적 위험을 예방하고자 한다면 금에 주목해야 한다.

금은 제한된 공급과 지속적인 수요 증가로 인해 그 가치가 꾸준히 상승하고 있다. 역사적으로도 금은 인플레이션과 경제적 불확실성에 대한 최고의 대비책으로 입증되었다. 따라서 개인 자산 포트폴리오에 금을 포함하는 것은 현명한 투자이며, 미래의 경제적 불확실성에 대비하는 안정적인 방법이다. 지금이야말로 금 투자를 고려해야 할 때다.

금 투자가 현명한 선택인 이유

SUMMARY

1. 가치 저장 수단

금은 수천 년 동안 가치를 보존해 온 자산이다. 역사적으로 지구에서 채굴된 금의 총량은 약 21만 2천 톤에 달하며, 앞으로 남은 매장량은 약 5만 9천 톤에 불과하다. 특히 최근에는 기후변화와 환경 문제로 인해 채굴할 수 있는 금의 양이 점차 줄어들고 있어, 금의 가격 상승이 더욱 촉진될 것으로 예상된다. 금의 공급이 제한적이기 때문에 그 가치는 시간이 지나도 감소하지 않으며, 이는 금이 뛰어난 가치 저장 수단임을 입증한다.

2. 경제적 불확실성에 대비

세계경제는 불안정한 상태에 놓여 있으며, 미국의 과도한 부채, 미·중 갈등, 지정학적 분쟁 등 여러 불안 요소가 존재한다. 이러한 불확실성 속에서 금은 안전한 자산으로 평가받고 있다. 중국, 러시아 등 여러 국가의 중앙은행들은 금 보유량을 꾸준히 늘리고 있으며, 그러한 사실은 금의 신뢰성을 더욱 강화한다. 경제 위기나 인플레이션에 대한 대비책으로서 금의 중요성은 날로 커지고 있다.

3. 가치 보존 자산

금은 시간이 지나도 가치를 잃지 않는 자산으로, 물가 상승에 따른 지폐의 가치 하락을 보완하고 자산 가치를 보존한다. 지난 수십 년간 금의 가치는 크게 상승했으며, 30년 전 지폐 100만 원의 현재 가치는 20만 원에 불과하지만, 같은 가치의 금액을 금으로 보유했다면 현재 가치는 800만 원 이상이다.

4. 인플레이션 방어 수단

인플레이션이 진행될수록 금의 중요성은 커진다. 1993년 기준 우리나라 금 가격은 그램당 9,734원이었는데, 2023년 기준 금 가격은 그램당 8만 1,586원으로 약 8.4배 상승했다. (2024. 9. 30. KRX 시세 종가 기준 11만 1,830원으로, 1993년 대비 약 11배 상승) 이는 인플레이션이 발생해도 금이 자산 가치를 효율적으로 보존하는 수단임을 입증한다.

5. 안정적 투자 수익 보장

금은 역사적으로 안정적인 수익률을 기록해 왔다. 세계금협회의 자료에 따르면 2024년 상반기 금의 수익률은 12.74%로 높은 수준을 기록하고 있으며, 미국 주식에 이어 두 번째로 높다. 이러한 수익률은 금이 단순한 안전자산을 넘어 매력적인 투자자산임을 보여주고 있다.

6. 보험적 피난처
전쟁이나 경제 위기 상황에서 금은 가치 있는 안전자산으로 평가받는다. 금은 소량으로도 높은 가치를 지니고 있어, 비상시에도 보관 및 이동이 쉽다. 또한, 금을 통한 자산 이전은 현금보다 효율적이며 안전하다.

7. 자산 다변화 포트폴리오
세계 여러 국가의 부자들은 주식, 채권, 부동산 등의 변동성 완화를 위하여 대체 자산인 금을 포트폴리오에 포함하고 있다. 미국 부자들의 자산 포트폴리오에서 금의 비중은 5~10%에 달하지만, 우리나라 부자들의 자산 포트폴리오에서 금의 비중은 0.5~1%가 되지 않는다. 금의 비중을 늘리면 수익뿐만 아니라 경제적 안정성도 확보할 수 있다.

8. 거품경제 보호 수단
현재 세계경제는 인플레이션 압박으로 자산 가격이 거품 상태에 놓여 있다. 전쟁, 금융 위기, 달러 가치 변동, 이자율 변동, 글로벌 경제 불확실성에도 불구하고 금은 오랫동안 가치가 상승해 온 안전한 자산이다. 거품경제의 피해자가 되지 않으려면 금에 투자함으로써 자산 가치를 보존시켜야 한다.

9. 은퇴자금 · 상속증여 수단
금은 화폐의 모든 기본적인 기능을 수행한다. 가치 저장 수단, 교환 수단, 가치 측정 척도 등으로 활용되며, 희소성과 내구성 덕분에 높은 신뢰도를 지닌다. 이는 금이 단순한 투자자산을 넘어 은퇴자금 마련이나 상속증여 수단으로 사용될 수 있는 독특한 자산이라는 의미이다.

10. 매력적인 실물 자산
금은 실물 자산이다. 신용 창출에 기반한 경제 시스템에 과도한 유동성 공급과 부채 증가 등으로 인한 금융 위기나 경제공황이 닥쳐오더라도, 실물 금은 안정적인 자산으로 남아 있다. 금은 물리적으로 소유할 수 있으며, 심리적 안정감을 제공한다.

금은 역사적으로 안정성을 인정받아, 경제적 불확실성의 최고 대비책으로 입증되었다. 앞으로도 금은 제한된 공급과 꾸준한 수요 증가로 인해 그 가치가 지속해서 상승할 것이다. 따라서 금은 개인 자산 포트폴리오에 포함해야 할 필수적인 자산이며, 지금이야말로 금 투자를 고려할 최적의 시기다.

1부

황금 세상

불멸의 재화, 황금*

황금은 황색의 귀금속이다. 아주 오랜 과거부터 현재에 이르기까지 금은 부귀를 상징하고 불사不死의 재화이자 고귀한 보물로 여겨져 왔다. 또한 금은 불변하는 귀금속으로, 아름다운 황색과 은은한 광택으로 사랑을 받아왔으며 장신구나 장식품으로도 애용되어 왔다.

수많은 왕조와 국가의 흥망성쇠에도 불구하고, 금은 국경 없는 통화로서 소멸하지 않고 통용되었으며 유용한 교환 수단으로 활용되었다. 뿐만 아니라, 금은 다른 물질과 결합해도 녹슬거나 변색되거나 중량이 변하지 않고 고유의 성질을 유지하는 아름다운 귀금속이다. 자연에서 나는 천연의 금을 산금山金, 제품화되지 않은 금을 지금地金, 화폐 발행의 바탕이 되는 금 또는 금괴를 금지금金地金이라 한다. 과거 우리나라는 금을 캐내어 모두 수출하였다. 금광에서 금을 캐면 한국은행이 무조건 매입하였다.

---

* 이 글은 〈시정일보〉(2022. 6. 7.)에 게재되었으며, 통계 수치를 2023년 기준으로 수정하였다.

금 매입 가격은 한국은행이 정하여 왔으나, 1965년부터는 한국광업제련공사에서 산금 매입 가격을 지정하였다. 산금을 수출하고 얻은 달러를 '산금불山金弗'이라 하였고, 텅스텐을 수출하고 얻은 달러는 중석불重石弗이라 불렀다.

역사 속에서 금은 상징물과 장식품 등 다양한 용도로 쓰였다. 금으로 만든 화장품, 불사의 마스크, 투구, 왕관, 장신구, 예술품, 화폐 등은 모두 보물이었다. 근대에는 금화, 금본위 화폐, 금환본위 화폐, 국제기구 가입 출자금 혹은 출연금, 외환보유고, 준비자산, 안전한 투자자산 및 실물자산 등으로 사용되는 등, 그 기능은 매우 다양하다. 즉, 금은 귀금속이자 화폐이다.

세계 주요 금 생산국인 중국은 지난 10년간 금을 연평균 410톤 생산하였다. 20년 전만 해도 금의 최대 생산국은 남아프리카 공화국이었다. 2024년 현재 주요 금 생산국 순위는 중국, 러시아, 호주, 미국, 캐나다, 가나 순이며 땅덩어리가 넓은 모든 나라가 금을 생산하고 있다. 금은 세계 각국에서 최근 5년간 연평균 약 3,580톤씩 생산되었고 재생 금Recycled Gold을 포함하여 연평균 4,800톤씩 공급되고 있다.

세계 주요 금시장의 금 수요는 최근 5년간 연평균 기준 주얼리 용도로 2,020톤, 상품이나 금괴 투자 용도로 1,070톤, 정부 분야·산업용·기타 용도를 포함하여 4,800톤이다. 우리나라에서는 주얼리 약 45톤, 금괴 형태의 투자상품 약 45톤, 산업용 약 10톤, 기타 용도로 약 10톤이 사용되며, 공급은 재생 금 약 60톤, 수입 금 약 50톤으로 충당하고 있다.

한국거래소^{KRX} 금시장을 통해 거래할 경우 금의 수출입은 자유이고 부가세 면세지만, 실물 금 거래는 과세 대상이다. 우리나라 금 수입은 2023년 약 4조 원이고 10년 전 대비 2배가 증가하였다. 시중 금값이 한 돈(3.75그램)에 37만 5천 원이라면, 1그램당 10만 원, 1킬로그램당 1억 원, 1톤이면 1,000억 원이다.

주목할 점은 우리나라를 포함하여 최근 세계적으로 금 투자가 성행한다는 것이다. 금 투자, 금 펀드, 골드뱅킹, 금 상장지수펀드ETF: Exchage-Traded Fund 시장이 점진적으로 성장하고 있다. 또한, 금융시장에서 금 관련 상품 및 실물 금에 대한 투자가 과거 10년 전에 비해 빠르게 성장하고 있다.

정부 분야에서도 금은 매우 중요하다. 금은 과거나 현재나 국제통화이고, 준비금이며, 투자상품이고, 귀금속이다. 국제기구인 국제통화기금, 유럽중앙은행, 국제결제은행BIS: Bank for International Settlements, 서아프리카경제통화연합[1]이 보유하고 있는 금이 3,580톤이나 된다. 각국 정부(중앙은행)의 총 보유 금Gold Reserve도 2023년 기준 3만 6,700톤으로 2000년 대비 약 10% 증가하였다. 우리나라는 104.4톤으로 세계 순위로는 38위이고, 외환보유고 대비 금의 비율은 매우 낮은 1.7%이다.

2024년 6월 기준 세계 주요국들의 금 보유량을 보면, 미국이 8,133톤으로 단연 으뜸이고, 유럽연합EU 회원국의 금 보유량 합계는 1만 770톤이다. 개별 국가 단위로 보았을 때는 독일(3,351톤),

---

1   WAEMU: West African Economic and Monetary Union.

이탈리아, 프랑스, 러시아, 중국 순으로 금 보유량이 많다. 스위프트[2]를 통한 결제 시 사용 통화 비율은 미 달러화 40%, 유로화 36.5%가 중심을 이루고 영국 파운드화, 중국 위안화, 일본 엔화가 뒤를 잇고 있다.

어쨌든 국가나 개인이나 금이 많아야 한다. 금은방을 방문하거나, 골드뱅크 취급 은행에서 금 통장을 개설하거나, 금시장을 운영하는 한국거래소 회원 증권사에서 계좌를 개설하면 금을 살 수 있다. 뿐만 아니라 금 펀드 혹은 금 상장지수펀드ETF에 가입하여 금을 거래할 수 있다.

금은방 자체상품의 금 순도는 금 보증기관(한국조폐공사)의 보증이 안 된다. 따라서 제값을 받고 되팔기가 어려울 수 있다. 특히 가공품의 가격에는 가공비가 포함되어 있어 투자상품으로는 매력이 없다. 참고로, 24K 금은 순도 100%, 18K 금은 순도 75%, 14K 금은 순도 58.5%이기 때문에, 18K와 14K 금에는 일부 다른 금속이 포함되어 있다.

---

2   SWIFT: Society for Worldwide Interbank Financial Telecommunication.

주요국 공식 금 보유량 및 외환보유고 대비 금의 구성비

(단위: 톤)

구분 순위	구분 국가명	2004년 6월 보유 금	2004년 6월 외환보유고 중 금의 구성비	2024년 6월 보유 금	2024년 6월 외환보유고 중 금의 구성비
1	미국	8,136	59.1%	8,133	72.4%
2	독일	3,437	46.6%	3,351	71.5%
3	국제통화기금	3,217	–	2,814	–
4	이탈리아	2,452	49.6%	2,452	68.3%
5	프랑스	3,024	55.7%	2,437	70.0%
6	러시아	390	5.6%	2,336	29.5%
7	중국	600	1.6%	2,264	4.9%
8	스위스	1,492	28.6%	1,040	8.8%
9	일본	765	1.2%	846	5.1%
10	인도	358	3.8%	841	9.6%
11	네덜란드	777	48.3%	612	61.6%
12	튀르키예	116	0.0%	585	34.1%
13	유럽중앙은행	767	–	506	–
14	타이완	422	2.3%	423	5.2%
15	포르투갈	482	54.9%	383	74.1%
24	싱가포르	127	1.6%	229	4.5%
31	필리핀	250	19.4%	134	9.6%
38	한국	14	0.1%	104	1.9%
41	국제결제은행	214	–	102	–
	(EU 회원국)	(12,130)	(평균 42.3%)	(10,771)	(평균 59.5%)
	전 세계	31,487	평균 10.5%	36,005	평균 16.9%

출처: World Gold Council, 〈World Official Gold Holdings〉, 2024. 8. 2.
https://www.gold.org/goldhub/data/gold-reserves-by-country

금은 보물이다*

금은 보물이다. 금은 파괴 불가능한 물질로 신뢰도가 높은 귀금속이다. 금의 희귀성, 아름다움, 독특함, 불변하는 성질, 보관의 용이성 등이 수천 년 동안 금을 매력적인 보물로 여기게 했다.

금의 원소기호는 Au이고, 이는 라틴어에서 '빛나는 새벽'을 뜻하는 'aurum'에서 유래한 것으로 알려졌으며, 히브리어로 붉은색을 의미하는 'Aus'로부터 유래했다고도 한다. 또한, 영어와 독일어의 'gold'는 산스크리트어에서 '빛'을 뜻하는 'jvolita'에서 왔다. 금을 소중히 여기는 것은 금이 다른 금속과는 다른 특별한 성질을 갖고 있기 때문이다. 특히, 금의 전성展性과 연성延性이 모든 금속 중에서 최대라는 것이 특징적이다.

전성의 예를 들면, 1온스의 금을 10만분의 1.27센티미터 두께로 가공하면 100제곱피트(9.29제곱미터)의 면적을 덮을 수 있다. 참고로 일반적인 금박의 두께는 약 0.00001센티미터이다. 그리

* 이 글은 〈시정일보〉(2021.12.27.)에 게재된 것을 보완하였으며, 통계 수치를 2023년 기준으로 수정하였다.

고 연성의 예를 들면, 1온스의 금은 50마일(80.465킬로미터)의 길이로 늘일 수 있고 1,000마일 길이의 구리 선을 도금할 수 있다. 그리고 1그램의 금으로는 약 3,000미터의 금실을 뽑아낼 수 있다.

또한, 금의 희소성은 매우 높다. 2023년 기준 유사 이래 전 세계의 금 보유량은 21만 2,582톤이며, 부피로 환산하면 오일 탱커 트럭 1대 분량에 지나지 않는다. 전 세계의 연간 평균(2013~2022) 금 생산량은 약 3,500톤에 불과하여 은보다는 약 20배, 동보다는 약 1,500배 희귀하다.

금의 원자 번호는 79이고, 원자량은 197.2이다. 색상과 광택이 자연 상태에서 불변하는 물질로 화학적으로 안정되었다. 금은 왕수王水(염산+질산)나 청산염 등 특수 약품에만 반응한다. 아울러 이온화 경향이 가장 적고 내식성耐蝕性이 크다.

금의 대부분은 자연금으로 캐낸다. 과거에는 광석에 수은을 가하여 금 아말감을 만들고 수은을 증발시키는 제련법을 사용해 왔으나, 현재는 사이안화 알칼리로 금을 용해하는 방법이 주류를 이루고 있다. 이렇게 만든 조금粗金 상태에서 전기 분해법을 가하여 순금을 얻는다. 순금은 무르기 때문에 구리나 은을 사용해 합금合金으로 만든다. 합금의 순도는 '캐럿(K)'으로 표시하며, 장신구, 공예품, 종교적 상징물, 공업용으로 이용된다. 특히 전기적 특성을 활용하는 공업에 많이 이용되고 있다.

24K 금은 순도 999.9%·질량백분율 99.999%이고, 22K 금은 순도 916.7%·질량백분율 91.67%, 18K 금은 순도 750%·질량

백분율 75.0%, 14K 금은 순도 585% · 질량백분율 58.5%, 8K 금은 순도 333% · 질량백분율 33.3%이다.[3]

금에 대한 인간의 욕망은 중세에 와서 연금술鍊金術을 발달시켰고, 당시의 사상과 철학에도 영향을 주었다. 또한, 마르코 폴로의 모험이나 콜럼버스의 항해도 동양에서 금을 구하려는 것이 첫째 목적이었다. 16세기 중남미 침략이나, 19세기 북아메리카의 골드러시gold rush, 아프리카 및 호주 탐험도 금에 대한 인간의 욕망에서 비롯되었다.

금은 전쟁, 내란, 천재지변 같은 비상사태에도 유동성이 양호한 준비자산이다. 또한 금은 수익성이 보장되는 안전한 투자상품이기도 하다. 금은 강한 투자 매력을 지니고 있다. 금은 개인에게나 국가에게나 중요하고 안전한 자산으로서 매입되고 보관되어 왔다. 금은 국제통화체제에서 외화준비자산으로서 가치가 높다. 또한 경기 변동에도 크게 영향을 받지 않는 독특한 자산으로 평가되고 인정받아 왔다. 그래서 금은 귀금속이지만 동시에 통화로 기능했다.

화석 연구자들은 약 4만 년 전 스페인의 한 동굴에서 원시인들이 금덩어리를 사용했다고 추정한다. 또한, 기원전 6000년경 고대 이집트에서 토착민들이 금을 사용한 기록이 있으며, 기원전

---

3 은 합금의 경우, 순은(純銀)이 순도 925% · 질량백분율 92.5%이고, 은 동전은 순도 900% · 질량백분율 90%이다.

3000년경 이집트 파라오와 귀족들의 금 장식품들이 무덤에서 발견되었다. 투탕카멘의 황금 마스크는 특히 유명한 보물이다.

금이 화폐로 사용되기 전에는 조개껍데기, 곡류, 가축, 면포綿布 등이 화폐로 쓰였으나, 운반 및 보관의 어려움 때문에 점차 귀금속인 금과 은이 화폐로 사용되기 시작했다. 역사적으로 금이 처음 화폐로 사용된 것은 기원전 7세기경 현대의 튀르키예 서부에 위치했던 리디아Lydia 왕국에서였다.[4]

처음에는 금과 은의 순도純度 및 중량을 하나하나 저울로 달아 교환가치를 산출하는 칭량화폐稱量貨幣로 유통했다. 하지만 금이나 은의 무게를 정확히 재는 것이 어렵고, 공인된 방식이 없었으므로 유통에 불편이 컸다. 이에 국가에서 화폐의 품위와 양에 따라 값을 표시하고 일정한 형상을 갖는 주화를 주조하여 통용시켰다. 이것이 표준화폐標準貨幣 또는 본위화폐本位貨幣이다. 주화는 개수를 세는 것만으로도 셈이 가능하고 유통이 쉬웠으므로, 화폐의 새로운 시대를 열었다.

서유럽에서 금이 주조화폐로 사용된 효시는 1252년 주조되기 시작한 피렌체의 플로린Florin이다. 플로린 금화는 24K 금으로 만들어졌다.

근대에 들어서는 금화와 은화가 동시에 본위화폐로 사용되었다. 이를 금은복본위제金銀複本位制라 한다. 이 제도에서는 금과 은의

---

4 리디아는 금과 은이 자연적으로 합금된 동전을 주조했다. 리디아 금화는 금 60%와 은 40% 비율로 제작되었다.

값을 법으로 정했지만, 실제 시장에서는 법정비가法定比價와 시장비가市場比價의 차이로 인해 혼란이 일어났다. 결국 금화만을 본위화폐로 사용하는 금본위제도가 출현하게 되었다. 영국은 1717년 금화인 기니Guinea의 법정가치를 정함으로써 최초로 금본위제도를 도입했고, 1816년에는 화폐주조법을 제정하여 금본위제도를 공식적으로 채택했다.

당시 영국의 공업 생산력은 세계적으로 우월했고, 전 세계에 걸친 식민지를 바탕으로 국제무역에서 지배적 지위를 차지하고 있었다. 따라서 세계 각국은 영국의 영향을 받아 금본위제도를 채택하였고, 금본위제는 국제통화제도의 성격을 띠게 되었다. 영국의 금본위제도는 금의 자유 주조, 자유 정련, 자유 수출입, 자유 태환을 인정하는 국제적 화폐 제도가 되었다.

화폐의 역사를 되돌아보면, 재화의 가치를 상호 비교하여 교환하는 물물교환, 물품의 가치를 기준으로 정하는 물품화폐, 금은을 기준으로 가치를 정하는 본위화폐, 발행된 지폐를 금으로 바꿀 수 있는 태환지폐, 가치를 보장하고 구매력을 갖는 정부지폐, 달러를 기준으로 교환하는 달러 본위화폐 등의 형태로 변천해 왔다.

1945년 IMF 협정문 발표로 국제통화체제에 금환본위제가 도입되면서 금은 화폐에서 금속으로 변했으나, 금본위제도는 아직도 살아 있다. 왜냐하면 모든 국가의 외환보유고는 외환, 특별인출권SDR, IMF 포지션IMF Reserves Position과 금으로 구성되어 있기 때문이다. 2023년 우리나라의 외환보유고는 4,201억 달러이고 그중 외환이 3,956억 달러, 금이 48억 달러, 나머지는 특별인출권과 IMF 포지션이다.

우리나라는 1955년 8월 국제통화기금에 가입하였다. 1950년 한국전쟁이 발발하기 전에 미국의 연방준비은행Federal Reserve Bank에 소개疏開되었던 약 1톤의 금으로 IMF 출자금을 지급하고 가입하였다. 국제통화기금의 SDR 쿼터, IMF 포지션도 금 출자지분, 골드 트랑슈gold tranche의 기본이 된다. 또한, 모든 EU 회원국은 유럽중앙은행에 15% 상당의 금을 지급준비금으로 예치하여야만 유로화를 받아올 수 있다. 따라서 국제통화제도에서 금본위제도는 아직도 살아 있다.

금은 관리하는 주체에 따라 정부 분야와 민간 분야로 나누어 살펴볼 수 있다. 정부 분야에서는 금을 중앙은행(한국은행)이 외환보유고로 보유하고 있다. 민간 분야는 개인이 퇴장退藏하거나 상품으로 투자하는 금을 말한다. 2023년 말 한국은행이 보유하고 있는 금은 104.4톤이었다. 그러나 한국은행의 금고에는 금이 없다. 실물 금은 영국중앙은행BOE에 보관되어 있다. 금을 보관하거나 거래할 수 있는 은행은 따로 정해져 있다.

금은 무거운 금속으로, 금고에 보관하려면 중장비가 필요하다. 금괴 1개의 무게는 12.4킬로그램(400온스)으로 1톤의 금은 금괴 80.6개에 해당한다. 금 1톤을 정육면체로 만들면 한 변의 길이가 37.27센티미터이며, 책상 위의 구형 프린터 크기에 지나지 않는다. 왜냐하면 금의 비중比重은 19.3으로, 같은 질량의 물보다 19.3배나 무겁기 때문이다.

한국은행이 보유하고 있는 금 104.4톤의 규모는 어느 정도인가? 2023년 기준 전 세계 중앙은행이 가지고 있는 금은 총 3만 6,700톤이다. 미국 8,133톤, 유로존 회원국 1만 771톤, 국제통화기금 2,814톤, 러시아 2,333톤, 중국 2,235톤, 일본 846톤 등이다. 우리나라 보유량 순위는 38위이고, 외환보유고 대비 금의 비율은 1.7%이다. 2010년 우리나라 금 보유량은 14톤으로, 외환보유고 대비 금의 비율은 0.1%에 불과했으나 2011년부터 2013년까지 90톤을 매입하였기 때문에 그나마 비율이 많이 개선되었다.

유럽 주요국들의 외환보유고 대비 금의 비율은 60%가 넘는다. 이에 비해 우리나라는 매우 낮은 편이다. 위기를 대비해서라도 금 보유량을 늘려야 하겠다. 중국의 외환보유고 대비 금 비율은 2003년 1.9%에서 2023년 4.3%(2,235톤)으로 증가하였다. 1온스(31.1그램)당 평균 금 가격은 1972년 59.00달러, 2000년 279.10달러, 2023년 1,940.50달러로, 2000년 대비 676% 올랐다.

민간 분야의 금은 조금 복잡하다. 정부는 금 거래 양성화 계획에 따라 2014년 3월 공식 기관인 한국거래소의 일반 상품시장에 금시장을 개설하였다. 한국거래소 금시장은 현물 시장이고, 현재 13개 증권회사가 회원으로 가입되어 있으며, 금에 관한 적격 생산업자, 적격 수입업자, 적격 유통업자, 품질인증 및 보관 기관 등을 운영하고 있다.

개인은 한국거래소 회원인 13개 증권회사를 통하여 주식처럼 금을 거래하거나, 골드뱅킹을 취급하는 은행 또는 한국거래소에 등록된 실물 사업자를 이용하여 금을 거래할 수 있다. 다만, 여전히 순도 등 금의 표준규격 등은 챙겨 볼 필요가 있다. 한국거래소 금시장이 개설되기 전(특히 2013년 이전) 국내 금시장은 중고 금 위주의 시장이었으며, 밀수된 금이 유통되는 등 암시장이 만연하였다. 일반적인 금 거래 사업자(금은방 등)는 과거에 비하여 많이 개선되었지만, 여전히 귀금속, 주얼리, 중고 금을 매매하므로 거래 방법, 순도, 품질 인증 등을 꼼꼼히 따져 봐야만 한다. 정부가 2010년 금 거래소를 개설하지 못하고 계획을 연기함에 따라, 일반 유통 업체가 '한국금거래소'라는 명칭을 사용하게 되었다. 이 때문에 소비자들이 '한국금거래소'를 공식 기관의 이름으로 착각하여, 금의 품질이나 교환 방식 등에 관한 소비자 혼란이나 오해가 생길 수 있다는 점에서 안타까움을 느낀다.

그렇다면 세계 금시장은 어떠한가? 먼저, 세계 각국의 금광에서는 최근 5년간 연평균 약 3,580톤의 금이 생산되었고, 재생 금 Recycled Gold은 약 1,220톤이 생산되고 있어, 해마다 총 4,800톤가량이 공급되고 있다. 우리나라에도 금광은 여러 곳에 있지만 경제성이 없어 폐광되었으나, 수입 광석 부산물 및 고금으로 매년 약 60톤씩 재생 금이 생산되고 있다.

전 세계 금 공급량 및 용도별 수요량

(단위: 톤)

구분		2010년	2015년	2020년	2023년	증가율[1]
공급량		168,246	183,945	201,738	212,582	126%
주얼리		84,073	89,409	93,407	96,487	148%
투자금	소계	31,211	37,243	44,404	47,454	152%
	바 코인	28,942	35,655	40,636	44,229	153%
	ETF	2,269	1,588	3,768	3,225	142%
중앙은행[2]		28,979	31,839	34,129	36,699	126%
기타		23,983	25,454	29,797	31,942	133%
평균 가격		1,224.2	1.160.1	1,769.4	1,940.5	158%

주: 1) 2010년 대비 2023년 증가율
　　2) 중앙은행 수요량은 기관(IMF, GFMS, WGC 등)에 따라 다소 차이가 있음.
출처: World Gold Council, 〈Historical demand and supply〉, 2024. 8. 2.
　　　https://www.gold.org/goldhub/data/gold-demand-by-country

세계 주요 금 생산국의 금은 적격 정제업체를 거쳐 주로 장외 거래 시장을 통하여 런던, 취리히의 금괴시장Bullion Markets 혹은 금괴 취급 은행Bullion Banks5에 공급되고, 금속시장Metal Exchanges, 뉴욕선물거래소COMEX, 상하이금거래소SGE 등 세계 주요 금시장으로 공급된다. 세계 금시장의 수요는 연간 주얼리 약 2,020톤, 산업용 약 400톤, 금괴 형태의 투자상품 약 1,070톤, 정부 분야 약 1,000톤, 기타 등 합계 약 4,800톤이다.

우리나라 민간 분야의 금(퇴장금退藏金, 투자상품 용도의 금 등) 총량은 약 600톤 정도로 추정된다. 세계금협회에 따르면, 우리나라 민간 분야의 최근 10년 평균 금 수요는 주얼리 20톤, 투자상품용 18톤, 합계 38톤이라고 발표되었다. 여기에 산업용 10톤, 재고

5　전 세계에서 약 35개 은행이 금을 거래하고 있으며, 그중 13개 은행이 런던 금시장(LBMA) 회원이다.

금 등을 합하면 공식 거래량은 50톤이 된다. 그러나 우리나라 금 시장은 아직도 현금거래, 중량거래, 무자료 거래 등 비공식 거래가 많아 전체 수요량은 약 110톤으로 추정된다. 금의 수출입에는 부가세가 면제되지만 실물 금에는 부가세가 부과된다. 아직도 실물 금시장에는 탈세를 위해 밀수된 금이 유통되고 있다. 과거에는 폭탄 업체들이 부가세를 선취한 후 잠적하는 수법으로 2조 원 상당의 탈세를 저지른 사건도 있었다.

황금 세상

금은 인간이 발견하고 활용한 최초의 금속 중 하나이다. 희귀성, 독창성, 그리고 그 가치로 인하여 '금속의 왕'으로 부른다. 금은 화학적 안정성과 뛰어난 물리적 특성으로 인하여 폭넓게 사용되고 있다. 특히, 국제통화체제에서 전통적 준비자산으로서의 역할을 수행해 왔다. 인류 역사상 과거부터 현재까지 채굴된 금의 총량은 약 21만 2,582톤이다. 그중 3분의 2(약 14만 톤)는 1950년 이후에 채굴된 것이다. 모든 금의 총량을 부피로 환산하면 대형 탱크로리 1대분에 지나지 않는다.

세계금협회WGC에 따르면, 전 세계의 금 중 주얼리가 약 9만 6,500톤, 투자상품용 금(골드바 · 골드 코인)이 약 4만 7,500톤, 중앙은행 보유분이 약 3만 6,000톤, 기타 퇴장금 및 산업용 금이 약 3만 2,700톤을 차지한다. 지난 15년간 금으로 만든 주얼리는 약 3만 2,560톤이 소비되었다. 주얼리 수요가 많은 곳으로는 중국 약 1만 150톤, 인도 약 8,140톤, 중동 약 3,080톤, 미국 약 1,750톤 등이 있다. 기타 국가들이 약 9,440톤에 달한다. 우리나라의 주얼리 수요는 약 275톤에 불과하다.

금에 투자하는 방법은 다양하다. 먼저 금괴 형태의 금지금金地金 (골드바)이나 각국 정부에서 공식적으로 발행한 골드 코인, 기념 메달 또는 기념주화 등의 실물 금에 투자할 수 있다. 그리고 근래에는 상장지수펀드와 골드뱅킹 등의 투자상품이 유행하고 있다. 과거 15년간 골드바와 골드 코인에 1만 6,500톤이 투자되었다. 특히, 실물 금 상장지수펀드 투자금은 2023년 3,225톤에 이른다.

세계 각국의 중앙은행과 국제기구가 보유한 금은 총 3만 6,700톤이다. 유로존 회원국(1만 770톤), 미국(8,133톤), 러시아

세계 주요국 주얼리 금 소비량

(단위: 톤)

국가명	1996년	2001년	2010년	2015년	2020년	2023년
중국	431	270	462	767	414	672
인도	511	727	662	662	316	576
미국	307	413	122	119	118	137
튀르키예	137	114	68	49	26	42
러시아	–	–	60	43	30	40
아랍에미리트	360[1]	438[1]	67	51	21	40
사우디	–	–	70	70	23	38
홍콩	297[2]	264[2]	23	51	15	37
이집트	–	–	53	38	21	27
이란	–	–	41	37	19	25
인도네시아	–	–	34	39	21	25
이탈리아	106	91	34	19	14	19
영국	43	82	26	26	16	18
파키스탄	52	49	27	23	17	21
브라질	41	40	29	20	15	15
대한민국	58	68	18	16	16	12
기타	760	847	261	429	296	368
합계	3,103	3,403	2,057	2,459	1,398	2,112

주: 1) 중동 합계 2) 동남아시아 합계
출처: World Gold Council, 〈Jewellery demand selected countries〉, 2024. 8. 10.

(2,332톤), 중국(2,235톤), 일본, 인도, 튀르키예 순으로 금을 많이 보유하고 있다. 유로존 회원국 중에는 독일(3,352톤), 이탈리아(2,451톤), 프랑스(2,437톤), 스위스(1,040톤), 네덜란드(612톤) 순으로 금을 많이 보유하고 있다. 국제기구는 국제통화기금(2,814톤), 유럽중앙은행(506톤), 국제결제은행(223톤), 서아프리카경제통화연합(36.5톤) 순으로 금을 많이 보유하고 있다. 이외에 아제르바이잔 국가석유기금은 104.8톤의 금을 보유하였다.

전 세계 금의 대부분은 주얼리, 금괴 형태의 투자상품용 금, 각국 중앙은행 보유 금이다. 이외에 산업용 금, 퇴장금退藏金, 건물 또는 실내 장식 금, 종교시설 상징물의 금 또는 자금세탁을 위해 밀거래되는 금 등이 있으며, 이러한 금의 양은 전 세계 금의 15%인 약 3만 1,900톤으로 추산된다.

지난 15년간 전 세계 금의 공급량은 약 6만 4,906톤이었다. 연평균 약 4,327톤이며, 2023년에는 약 4,930톤이 공급되었다. 또한, 지난 15년간 전 세계 금광에서 채굴된 금의 양은 약 4만 7,057톤이다. 연평균 약 3,137톤이고, 2023년에는 약 3,645톤이 채굴되었다. 나머지는 재생 금으로, 지난 15년간 약 1만 7,849톤이 생산되었다.

2023년 국가별 금 생산량은 중국 약 378톤, 러시아 약 322톤, 호주 약 294톤, 캐나다 약 192톤, 미국 약 166톤, 가나 약 135톤, 인도네시아 약 132톤, 페루 약 129톤, 멕시코 약 126톤이었다. 과거 10년간 금 생산량은 중국 약 4,116톤, 호주 약 2,988톤, 러시아 약 2,909톤, 미국 약 2,089톤, 캐나다 약 1,712톤, 페루 약 1,493톤이다. 20년 전만 해도 남아프리카공화국이 최대 생산국이었다.

세계 각국의 금 수요는 선진국 중심의 경제발전에 기반하여 폭발적으로 증가하였다. 경제발전으로 소득이 증대되자 장식용 주얼리 금의 수요도 증가했지만, 화폐전쟁으로 브릭스BRICS 국가들의 중앙은행 보유 금도 증가하였다. 세계 각국의 중앙은행이 보유한 금의 총량은 1948년 약 3만 182톤, 1970년 약 3만 6,605톤,

세계 주요국 금 생산량

(단위: 톤)

국가명	2010년	2015년	2020년	2023년
중국	351	460	368	378
러시아	203	255	332	322
오스트레일리아	257	279	328	294
미국	231	217	193	166
캐나다	102	158	173	192
가나	94	95	130	135
페루	185	170	101	129
인도네시아	132	115	101	132
멕시코	88	132	110	126
남아프리카공화국	210	157	103	104
브라질	71	98	99	86
우즈베키스탄	69	79	100	119
말리	43	71	92	105
파푸아뉴기니	70	61	52	41
콜롬비아	44	49	54	67
기타	681	965	1,146	1,249
합계	2,831	3,361	3,482	3,645

출처: World Gold Council, 〈Global mine production〉, 2024.9.10.
https://www.gold.org/goldhub/data/gold-production-by-country

2000년 약 3만 3,212톤, 2023년 약 3만 6,699톤이다. 제2차 세계대전 직후인 1948년 대비 2023년에는 121%가 증가하였다. 미국을 제외한 다른 국가들이 2023년에 보유한 금의 양은 1948년 대비 230% 증가하였다.

많은 국가가 경쟁적으로 중앙은행의 금 보유고를 증가시키는 본질적 이유를 알아보고자 금본위제의 역사를 되돌아보겠다.

1717년 영국에서 금본위제가 시작되었고, 1816년 영국 화폐 주조법Coinage Act이 제정되면서 다음 해부터 1파운드의 가치를 가진 소버린Sovereign 금화가 만들어졌다. 1900년 전후로 세계 주요 국가들이 자국 통화를 금에 연계시킴으로써 금본위제를 채택하게 되었다. 그러나 제1차 세계대전, 아일랜드 내전 등으로 금태환이 불가능하게 되자, 1931년 영국은 금본위제를 폐지하였다. 런던 금시장은 1939년 전쟁 발발로 폐쇄되기도 하였다.

미국은 1785년 달러를 미국 화폐로 지정한 후 금에 연계하여 사용하였고, 1913년 미국 연방준비법Federal Reserve Act을 시행하였으나 계속되는 금태환 요청에 1933년 금태환을 중지하였다. 그리고 제2차 세계대전 승전국인 미국이 주도한 1944년 브레튼우즈 협정에 의거하여 1945년 국제통화기금이 설립되었고, 미 달러화를 중심으로 금환본위제金換本位制가 성립되었다.

그러나 1960년 바젤 협정Basel Convention, 1971년 스미스소니언 협정Smithsonian Agreement, 1976년 자메이카 킹스턴 합의로 금환본위제는 공식적으로 붕괴하였다. 금 폐화의 기본 방향이 설정되고, 1978년 〈국제통화기금협정에 대한 제2차 개정안〉이 발효함에 따라 국제통화제도에서 금의 역할이 완전히 소멸하였다. 따라서 실질적으로 미국에서는 달러 본위제가 확고하게 자리 잡게 되었다. 그럼에도 불구하고 국제통화제도에서 금의 지위나 가치에 관한 미래를 정확히 예견할 수는 없으므로 세계 각국은 준비자산準備資産으로서 금을 계속 보유하고 있다.

1979년 유럽통화시스템EMS은 유럽 각국의 중앙은행에서 발행 금액의 최소 20%에 해당하는 금을 보증하거나 예치해야 하는 정화준비正貨準備 발행 한도를 부분적으로 도입했다. 이에 따라 유럽 각국 중앙은행의 금 보유량은 꾸준히 늘어났다. 뿐만 아니라, 국제통화체제에서 금의 역할이 다시 커질 것이라는 견해가 대두되고 있으며, 화폐전쟁으로 브릭스 국가 중 중국, 러시아, 인도는 금 보유량을 대폭 늘리고 있다.

21세기 들어 금 투자가 성행하고 있다. 기관이나 개인 투자자들이 안전한 투자 전략으로 이용하는 실물 금 상장지수펀드는 새로운 금 수요의 원천이 되었다. 또한 상장지수펀드 투자금은 운용자산AUM 실적에 따라 실물 금 형태로 관리되기 때문에 인기를 끌고 있다. 금 상장지수펀드 투자 규모는 2003년 약 42톤, 2013년 약 1,874톤, 2023년 약 3,225톤으로 지난 10년간 약 27,220톤의 투자 실적을 보인다. 미국의 최근 금값이 1그램당 75달러라면 1톤은 7,500만 달러이고, 원화로 환산하면 약 1,000억 원이 된다. 그러므로 2023년 금 상장지수펀드 투자 실적은 원화로 연간 약 322조 5,000억 원에 달한다.

따라서 금의 수요는 해마다 증가하고 있다. 경제발전으로 인한 소득 증가로 주얼리용 금 수요가 늘어났다. 전 세계 중앙은행들은 국제통화체제에서 자국 화폐를 보호하기 위하여 금준비[6] 보유량을 증가시켰다. 금 투자 또한 지속적으로 증가하고 있으며, 전자 기술의 발전으로 공업용 금과 산업용 금 수요도 증가하는 추세다.

연도별 전 세계 금 공급 및 수요

(단위: 톤)

구분		2010	2015	2020	2023
공급	채굴	2,755	3,361	3,483	3,644
	생산자 헤징	−109	13	−39	70
	재생 금	1,671	1,067	1,293	1,239
	합계	4,317	4,441	4,737	4,953
수요	주얼리 (주얼리 제품)	2,044 (2,057)	2,479 (2,459)	1.324 (1,398)	2,189 (2,111)
	공업용	462	332	303	305
	투자 / 골드바	921	791	543	778
	투자 / 기타	283	299.4	359	408
	투자 / ETFs	407	−123	893	−244
	투자 / 소계	1,611	967.4	1.795	942
	중앙은행	79.2	579.6	254.9	1,030
	OTC 등	121	83	1,059	486
	합계	4,317	4,441	4,736	4,953

주: 1) 생산자 헤징(hedging)이란, 미래 가격 변동에 따른 위험을 줄이기 위해 선물옵션시장 등에서 미리 판매 계약을 체결하는 것을 의미한다.
2) ETFs(상장지수펀드)의 매각량이 매입량보다 많아지면 수요는 마이너스 값이 된다.
3) OTC란 'Over-the-Counter'의 줄임말로 장외거래를 뜻하며, 트레이더(trader; 대형 은행이나 금융기관, 거래상, 협회 등)들이 거래 목적으로 포지션(단기 재고금)을 보유하는 것을 말한다.
출처: World Gold Council, 〈Gold supply and demand WGC Presentation〉, 2024.6.30. https://www.gold.org/goldhub/data/gold-demand-by-country

---

6 중앙은행이 은행권을 태환하기 위하여 보유하는 금으로, 국제적 결제를 위한 준비금, 국내적 금속 통화를 위한 준비금, 예금 지급 및 은행권의 태환을 위한 준비금의 역할을 가진다. 현대적 의미로는 외환 보유고로 보유하고 있는 금을 말한다.

금은 진실하다

오늘날 국제경제는 인플레이션 위기에 빠져 있다. 금은 수천 년 동안 전쟁과 위기의 시대에서도 궁극적인 가치저장 수단이자 완전한 교환 매체였다. 금은 사실상 파괴할 수 없고, 익명으로 이동도 가능하다. 또한 은닉 자산으로의 소유도 보편적으로 허용된다. 따라서 위기와 불확실성의 시대에 상당한 규모의 금을 보유한다면 채권자들에게 신뢰를 얻을 수 있다.

미국, 독일, 프랑스, 이탈리아는 세계 최대의 금준비를 보유하고 있다. 금은 전쟁 및 위기에 대처하기 위해 준비해야 할 필수 요소이기도 하지만, 세계 각국은 국제통화제도의 중심으로 부상할 기회를 갖기 위해 전략적으로 금을 보유하기도 한다. 과거 대규모의 금을 보유하지 못했던 중국, 인도, 브라질 등의 신흥 시장 국가나, 러시아처럼 과거에 비해 금 보유량이 줄어든 국가는 G7 국가들을 따라잡기 위해 금 보유량을 서둘러 늘리고 있다. 중국과 러시아는 미국의 달러 패권주의에서 벗어나는 방법으로 금 보유고 축적을 택했다.

금은 오랫동안 보편적 화폐로 간주되어 온 재화 중 하나였다.

금은 구매력이 감소하지 않으므로 인플레이션으로부터, 즉 화폐의 구매력을 감소시키는 위험으로부터 보호된다. 금은 헤징, 위험 완화 및 금융 보험을 위한 자산으로 사용된다. 경제 위기 상황에서도 금은 투자자와 중앙은행 모두가 의지하는 안전자산이다. 국제 자본 시장의 불확실성과 금융제재가 영향을 미치는 상황에도 실물 금은 화폐로서의 탁월한 기능을 입증하였다. 언제 어떻게 변할지 모르는 경제의 불확실성을 고려한다면, 실물 금을 보유하는 것은 가장 안전한 자산 보존 방식이다.

금은 돈이다. 효율적이고, 교환할 수 있는 형태의 금속이다. 화폐는 여러 가지 보편적 특성을 충족해야 한다. 내구성이 있고, 쉽게 나눌 수 있고, 휴대가 가능하고, 공급량이 제한적이어야 하며, 균일하고 위조가 어려워야 한다. 또한 화폐의 세 가지 주요 기능, ① 교환 매체의 역할, ② 가치저장의 역할, ③ 경제적 거래 및 가치 평가를 위한 계정計定 단위로서의 소임을 수행해야 한다. 금은 화폐의 보편적 특성을 충족하며, 세 가지 주요 기능을 수행한다.

실물 금은 분할 가능하고 대체할 수 있으며, 상대적으로 희소하고 채굴하기 어렵다. 또한, 파괴하거나 합성하여 가치를 저하할 수 없는 유한한 유형 자산이다. 무게 대비 가치 비율이 높으며 휴대가 간편하다.

금은 중앙은행, 정부, 민간 은행이 만들거나 발행하지 않으므로 거래 상대방과 불이행의 위험을 주고받을 가능성이 없는 최고의 안전자산이다. 가장 중요한 것은, 금은 시간이 지나도 썩거나 없어지지 않으며 구매력을 유지한다는 점이다. 이러한 특성이 바로 금이 오랫동안 일관되게 신뢰받고 화폐로 받아들여져 온 이유이다. 금은 최고의 화폐로서 최고의 명성을 구현하고 있다. 금을 구매하고 금에 투자해야 하는 이유를 다음 다섯 가지로 정리해 보았다.

1) 가치저장 수단으로서의 금

금은 시대에 따라 상품과 서비스 가치의 전반적인 상승에도 불구하고 오랜 기간 비슷한 수준의 구매력을 유지했다. 즉, 과거나 현재나 금 1온스로 구매할 수 있는 상품의 양은 비슷하다. 이것이 바로 금이 궁극적 가치저장 수단이자 장기 인플레이션 헤지 수단인 이유이다. 대조적으로, 종이 화폐는 시간이 지나면서 완전히 가치가 없어질 때까지 구매력을 잃어 가고 있다.

금은 명목 화폐인 종이 화폐에 비하여 월등한 형태의 화폐이다. 금 가격은 일반 물가의 변화에 맞춰 조정되므로, 실물 금은 그 자체의 가치를 유지할 수 있다. 따라서 금융시장과 중앙은행은 미래 인플레이션의 신호를 감지하기 위해 금 가격 변화를 예민하게 살피고 있다. 금 가격을 흔히 '인플레이션 바로미터(척도)'라고 부르는 이유도 여기에 있다.

2) 안전한 피난처로서의 금

금을 보유하는 것은 통화 위기와 인플레이션 시기에 안전망 역할을 한다. 금은 안전이 확증된 피난처이자 부의 보호 수단이다.

국가 경제 위기나 금융 위기 상황에서 사람들은 보유한 부의 일부를 금으로 변환하므로 금 가격은 대체로 상승세를 보였다. 따라서 금은 통화 위기, 지정학적 위험, 시스템적 금융 위험에 대해 일종의 금융 보험 역할을 하고 있다.

초인플레이션 및 통화 위기, 즉 화폐가치 급락, 가격 통제 불능, 공급망 붕괴 등은 사회적으로 극심한 불안정을 초래하기 때문에 실물 소형 금괴 또는 금화 같은 가치 교환 수단을 준비해야 한다. 왜냐하면 이러한 소형 금괴나 금화는 중량 대비 가치 비율이 높고 휴대성이 뛰어나며 보관이 쉽기 때문이다.

3) 투자자산으로서의 금

오늘날 금융학계와 투자 업계에는 금이 주식이나 채권과 같은 투자자산이며, 금의 위험과 수익 및 가치를 분석하여 정량화할 수 있다는 견해가 널리 퍼져 있다. 금 가격이 다른 금융 자산의 가격과 큰 상관관계를 가지지는 않지만, 금을 화폐 혹은 저축의 한 형태로 생각해야 한다는 것이다.

중앙은행은 개인이 금을 보유하는 것과 비슷한 이유로 금을 보유한다. 금은 높은 유동성과 안전성을 가지며, 위험을 회피하고 안전한 피난처가 되어 준다. 중앙은행은 금을 최후의 자산으로 보고 있으며, 통화 위기 시 활성화할 수 있는 '전쟁 자금'의 성격을 고려하여 금을 보유한다. 중앙은행이 막대한 양의 금괴를 보유하는 것은 금을 준비자산이자 핵심 화폐로서 간주하고 있음을 시사한다.

금에 관한 한 세계 최고의 권위를 가진 기관이자, 과거 70개 이상의 중앙은행을 대표했던 영국중앙은행BOE은 국가가 금을 보유하는 이유를 다음과 같이 요약했다. 첫째, 금은 가치를 저장하는 수단으로서 전쟁 자금이 된다. 둘째, 금은 통화 및 기타 예비자산에 대한 대체 투자로서 기능한다. 셋째, 보험적 신뢰로서의 금은 국제통화체제에서 주요한 역할을 수행한다.

4) 안전한 실물 금

국제 시장에서 무수히 많은 종이 금에 대한 여러 해결책이 제공되고 있으나, 대부분은 금에 대한 법적 소유(권)를 제공하지 않는다. 소유권이 할당된 분리보관 계좌에 금괴나 금화를 보유하는 것만큼 안전한 방법은 없다. 자신의 소유물이거나 안정적인 관할권이 있는 금은 보안 금고에 안전하게 보관되어야 한다. 따라서 완전히 소유가 분리된 실물자산으로 금을 보관하면 거래 상대에 대한 위험, 채무불이행과 은행 압류 등의 위험이 없다. 이는 은행의 예금과는 다르기 때문이다. 은행이 대차대조표에 표시하는 은행 예금과 달리, 실물 금 보유는 은행 시스템 외부에 있는 고유한 자산 보유 방식이다.

또한 금은 그 가치와 구매력을 유지하는 독특한 보유 자산이다. 상황에 따라 미 달러화 등 법정 화폐의 가치는 떨어질 수 있지만, 금의 가치는 떨어뜨리기 어렵다. 오히려 금은 가치 보존이 우수한 자산이다. 실물 금은 다른 사람이 책임질 수 없으므로 본인이 소유해야 하는 유형 자산이다. 실물 금은 지정된 보관 기관

이외의 다른 기관에서는 보관 증서를 발행할 수 없으므로 위험이 없다. 실물 금은 인간에게 알려진 가장 안정적인 계정 단위이자 가치저장 단위이다.

5) 무이자로 오해받는 금

명목 화폐 저축을 지지하는 사람들은 종종 금은 수익률이 부족하고, 동시에 운반 및 보관 비용이 부과된다고 일축한다. 그러나 금의 무수익 주장은 타당하지 않다. 금을 빌려주면 수익이 발생하기 때문이다. 골드 리싱gold leasing은 이자를 받을 수 있는 금 상품이다. 금 담보대출gold-backed loans, 금 정기예금gold saving account, 금 선물이나 옵션에의 투자도 수익을 창출하는 방법이다.

또한, 금의 보관 비용에 대한 다양한 견해는 금융 시스템 패러다임에서 논란이 있을 수 있다. 중앙은행이 제로 금리 혹은 마이너스 금리 정책을 펼쳐 은행 예금의 명목 수익률이 0 이하가 될 때, 은행 예금의 실질 인플레이션 조정 수익률은 마이너스 영역으로 이동하게 된다. 이 경우에는 은행 예금을 유지하는 데 드는 비용이 금을 보관하는 비용보다 높을 수 있다.

역사 속에서 금의 가치를 살펴보면, 1994년 기준 100만 원은 30년이 지난 2024년에 20만 원의 가치밖에 가지지 못한다. 또한, 1994년에 100만 원어치 금을 매입했다면, 2024년에 그 가치는 약 800만 원이 되었음을 알 수 있다. 명목 화폐의 가치가 하락한 만큼 금값은 꾸준히 올랐다.

온스당 평균 금 가격은 1975년에 106.91달러였고, 2015년에 1,160.1달러였다. 40년 동안 약 11배가 증가하였다. 2025년이 되면 1975년 가격 대비 약 30배 증가할 것으로 예상된다.

과거에 화폐가 금에 묶여 있던 시대에는 하이퍼인플레이션 Hyperinflation이 일어난 적이 없다. 왜냐하면 금은 그 자체에 내재 가치가 있기 때문이다. 명목 화폐는 금이나 은 같은 실물 자산에 기반하여 발행된 것이 아니며, 정부의 신뢰와 통화정책에 의해 발행된다. 명목 화폐(화이트 화폐)를 사용한 것은 아직 100년도 되지 않는다. 20세기 중반 많은 국가들이 금본위제를 포기하고 명목 화폐를 채택하였다.

아이러니하게도 오늘날 20달러 지폐 한 장으로는 미국 패밀리 레스토랑의 스테이크 식사 한 끼밖에 하지 못하지만, 1971년에 발행된 20달러 금화 하나로는 좋은 옷을 사 입고 고급 호텔에서 머무르며 호화로운 식사를 할 수 있다. 이 금화를 녹이면 약 750달러의 가치를 가진 금이 되며, 화폐 수집가에게 2,000달러가 넘는 가격으로 판매할 수 있기 때문이다.

금 투자 방법

최근 중동 지역의 지정학적 리스크가 커지고 기준금리 인하 시기가 지연되면서, 대표적인 안전자산으로 꼽히는 금 투자 수요가 커지고 있다. 금 가격은 사상 최고치를 기록하며 고공행진 중으로, 2024년 국제 금 가격은 사상 처음으로 온스당 2,400달러를 넘기도 하였다. 이러한 변화에 따라, 전문 투자가들뿐만 아니라 일반인들도 금 투자에 큰 관심을 보이고 있다.

금을 사고파는 방법에는 여러 가지가 있다. 국가 공인 금 현물시장인 한국거래소 금시장에서 회원 증권사 13개사를 통하여 주식처럼 편리하게 거래하는 방법, 골드뱅킹을 취급하는 은행에서 예금처럼 골드뱅킹 계좌를 개설하는 방법, 자산운용회사에서 금펀드에 가입하는 방법, 소매시장(금은방) 또는 골드바 판매소(한국조폐공사, 은행, 거래소 등)에서 현물을 직접 구매하는 방법, 증권사를 통하여 금 상장지수펀드에 투자하는 방법 등이 있다.

금은 살 때와 팔 때 가격 차이가 있으며, 거래 시 수수료와 세금이 발생한다. 매입 가격의 경우, 한국거래소 금시장은 국제 금 시세, 환율, 국내 수급 요인을 살펴 공정하고 투명하게 형성된 자체

종가^{終價} 기준 그램당 가격을 고시한다. 한국거래소 금시장이 매기는 금의 매입가에는 수수료 0.2% 및 수수료에 대한 부가세가 포함된다. 골드뱅킹은 국제 가격(온스당 달러에 매매 기준 환율을 곱하여 산출된 그램당 가격)에 자체 수수료를 포함한 가격을 고시한다. 실물 금 거래 시에는 고시 가격에 수수료 4~5%와 부가세 10%를 부담해야 한다. 장외 소매(금은방 등)의 경우, 실물 금을 매입하는 것이므로 디자인비, 세공비, 부가세 등을 포함한 가격이 매겨져 한국거래소 대비 약 4~8%(부가세 제외) 정도 더 비싸다.

매도 가격의 경우, 한국거래소는 매도 거래 수수료 0.2% 및 수수료에 대한 부가세 0.02%를 포함한 그램당 가격을 고시한다. 실물 금 인출 시에는 골드바 1개당 약 2만 원의 수수료와 부가세 10%를 부담해야 한다. 골드뱅킹은 계좌 거래(종이 금 매도) 시 수수료를 포함한 은행 자체 가격을 고시한다. 또한 매매 차액에 대해서는 배당소득세 15.4%가 부과된다. 실물 금 거래 시에는 국제 가격에 수수료 4~5%와 부가세 10%가 추가된다. 장외 소매(금은방 등)는 실물 금을 매도하는 것이므로 마모 정도나 순도 등을 고려하여 가격을 매긴다. 국제 가격에 유통 이윤 3~10%가 포함되어 한국거래소 대비 약 4~12%가 싸다.

한국거래소 금시장은 금을 1그램 단위로 거래한다. 실시간 시장에서 형성되는 경쟁매매 가격에 증권사 온라인 수수료 0.4%가 부과되고, 금융소득 종합과세 비대상, 양도·배당소득세 비과세, 부가가치세 면제, 관세 면제 등 세제 혜택이 부여되고 있다. 실물 금을 수령한다면 골드바 1개당 2만 원 내외의 인출 비용 및

10%의 부가가치세가 추가적으로 부과된다. 한국거래소 금시장의 2023년 한 해 거래량은 13.8톤이었고, 거래 규모는 1.2조 원에 이르렀다. 2014년 3월 24일 개소 이래 2024년 6월 말까지 총 거래량은 124.6톤, 총 거래 규모는 약 9조 원에 달하였다.

금 펀드의 거래 단위와 가격은 상품별로 다르다. 1~1.5%의 선취수수료가 부과되며, 매매 차익에 대해 15.4%의 배당소득세를 부담해야 한다. 실물 금 인출은 불가하다. 금 펀드는 금 시세에 따르는 펀드도 있고, 금 관련 기업에 투자하는 펀드도 있다.

금 펀드는 연금 계좌와 연결할 수 있는 장점이 있다. 연금 계좌로 투자한다면 금 펀드를 통해 노후 준비도 할 수 있다. 또한, 환율에 영향을 받지 않는 상품에 가입하면 달러 가치가 떨어져도 직접적인 영향을 피할 수 있다. 금 펀드의 단점은 매매차익에 대한 배당소득세가 부과된다는 것과, 실물 인출이 불가하다는 점이다. 또한 해당 펀드가 어디에 어떻게 투자하는지 상세히 알아보고 투자하여야 한다.

한국거래소 금시장[7]

한국거래소 금시장에 참여하는 방법은 두 가지이다. 직접 한국거래소 금시장 회원으로 가입하여 거래할 수도 있고, 비회원인

---

7   한국거래소(KRX) 홈페이지 참조(2020. 1. 3.).
    https://open.krx.co.kr/contents/OPN/01/01050206/OPN01050206.jsp
    https://open.krx.co.kr/contents/OPN/01/01050203/OPN01050203.jsp

경우 회원을 통해 위탁 주문할 수 있다. 금융기관과 실물 사업자만 회원이 될 수 있다.

한국거래소 금시장 회원은 일반회원과 자기매매회원 두 가지로 나뉜다. 일반회원은 매매 수탁이 가능하나, 자기매매회원은 중개 업무를 할 수 없다. 한국거래소 금시장의 회원이 될 수 있는 금융기관은 자본시장법이나 은행법 등에 따라 금지금 매매 관련 업무를 수행할 수 있어야 하고, 실물 사업자는 금의 매매·중개·주선·대리·생산·가공·그 밖의 유사한 행위를 업으로 하는 법인 또는 개인 사업자를 뜻한다. 회원으로 가입하면 보관창고에서 직접 금지금을 인출할 수 있고 위탁수수료를 절감 가능하다.

일반 투자자나 비회원은 회원인 증권회사를 통하여 위탁 매매 방법으로 시장에 참가하면 된다. 이는 증권회사 또는 선물회사에 계좌를 개설하여 증권 또는 파생상품 거래에 참여하는 것과 같은 방법이다. 일반 투자자나 비회원은 전자통신을 이용하여 홈트레이딩 시스템, 모바일, 인터넷, 전화, 팩스, 문서 등의 방법으로 회원(증권회사)에게 거래를 주문할 수 있다.

한국거래소 금시장에 참여하는 실물 사업자는 기존 금 거래 계좌와는 다른 한국거래소 금시장용 계좌를 개설하여야 한다. 한국거래소 금시장에서는 금 가격을 공정하고 투명하게 결정한다. 또한, 정당한 계산서가 발행되므로 부정거래 의혹을 없앨 수 있다. 따라서 금 제련 또는 정련 사업자는 자신들이 생산한 금을 투명하게 판매할 수 있다. 금 도소매업자는 일부 대형업체의 거래 행태에 휘둘리지 않고 자율적인 경영활동이 가능하다. 또한,

금 가공업자는 고품질의 금을 합리적 가격에 공급받아 제품을 만들 수 있다.

한국거래소 금시장의 장점은 다음과 같다. 세금이 면제되고 수수료가 낮은 편이며, 양도·배당소득세 없이 증권사 수수료만 부담하면 된다. 매수자와 매도자가 동시에 거래에 참여하기 때문에 공정하고 투명한 시장 가격이 형성된다. 주식처럼 HTS(홈 트레이딩 시스템), 스마트폰, 전화 등을 통해 손쉽게 거래할 수 있다. 또한, 한국조폐공사가 인증하는 순도 99.99% 고품질의 금만 거래된다. 매수한 금은 한국예탁결제원에서 안전하게 보관하며, 실물 인출도 가능하다. 1그램 단위의 소액 거래를 할 수 있어, 소액 투자도 가능하다.

골드뱅킹[8]

골드뱅킹은 은행 계좌를 통해 금에 투자할 수 있는 상품이다. 은행 영업점을 방문하거나 모바일 앱을 활용해 계좌를 개설하고, 돈을 입금하면 은행이 입금액만큼 금을 적립해 준다. 시세에 따라 현금으로 출금할 수 있고 금 현물로도 받을 수 있다. 골드바를 직접 매매하는 것과 달리, 실물 거래 없이 자유롭게 입출금이 가능하고 소액으로도 거래를 할 수 있다는 것이 장점이다. 주요 은

---

8 박정경(2023. 12. 6.), "소액투자면 '골드뱅킹'… 비과세 원하면 'KRX' 간접투자", 〈문화일보〉 참고.

행 중에서는 KB국민, 신한, 우리은행 등이 골드뱅킹을 취급한다.

골드뱅킹은 금을 0.01그램 단위로 거래한다. 골드뱅킹은 계좌 거래(종이 금 거래) 시 수수료 1%가 부과되고, 매매차익에 대해서는 배당소득세 15.4%를 부담해야 한다. 또한, 실물 금을 인출할 경우 매매 기준 가격의 4~5%에 해당하는 비용과 10%의 부가가치세가 부과된다. 2023년 말 기준 골드뱅킹(국민·신한·우리은행) 계좌 수는 25만 945좌, 거래량은 5.87톤, 잔액은 0.6조 원으로 한국거래소 금시장에 비해서 거래가 적은 편이다.

골드뱅킹 상품은 초보자도 접근하기 쉽지만, 투자 전에 알아두어야 할 점이 많다. 우선, 원금 손실이 발생할 수 있으므로 충분히 검토하고 투자 판단을 내려야 한다. 골드뱅킹은 영업점뿐만 아니라 모바일 앱에서도 간편하게 가입할 수 있지만 은행 예금과는 성격이 다르다. 은행당 5천만 원까지 보호받을 수 있는 일반 예금 통장과는 달리, 골드뱅킹은 투자상품이기 때문에 예금자 보호 대상에 해당하지 않는다.

금 가격에 따라 원금이 손실될 가능성도 있다. 매입할 때 적용된 가격에 비해 매도 시 적용 가격이 높으면 이익이 발생하지만, 반대로 매입 가격에 비해 매도 가격이 낮으면 손실이 발생한다. 거래는 원화로 이루어지지만 환율을 고려해야 한다. 거래 시점의 국제 금 가격과 원·달러 환율을 이용해 산출한 금 1그램당 원화 가격이 기준 가격으로 적용되기 때문이다. 국제 금 가격이 상승해도 원·달러 환율이 크게 하락하면 투자 손실이 발생할 수 있어 유의해야 한다.

금 상장지수펀드[9]

금은 전통적으로 인플레이션을 관리하는 훌륭한 헤지 도구이자 분산 투자 포트폴리오의 필수적인 요소로 활용되어 왔다. 오늘날에는 역사상 그 어느 때보다도 적극적인 투자자들에게 금에 투자할 수 있는 다양한 방법이 주어져 있다. 금융 전문 자산관리자들이 선호하는 투자 방법 두 가지는 '금 선물先物; Futures'과 금을 기초 자산으로 하는 '금 상장지수펀드Physically-Backed Gold ETF'이다. 선물과 상장지수펀드 모두 투자 금액이 많은 경우에 적합한 방식이다. 그런데 이 두 가지 투자상품은 환금성, 자본 차입, 비용 면에서 상당한 차이가 있으므로 투자 전 이에 관한 이해가 필요하다.

가장 큰 금 상장지수펀드인 'SPDRStandard & Poor's Depository Receipt Gold Shares'는 2023년 3월 기준 관리하는 금액이 총 420억 달러나 되고 운용자산Assets under Management 보유 금괴도 약 830톤이나 된다. 2004년 처음 설립된 SPDR Gold Shares는 금 가격을 추적하기 위해 특별히 개발되었고, 실물 금을 소유하는 것 대비 저렴한 투자 대안이 되었다. 투자가들은 금 10분의 1온스에 해당하는 상장지수펀드 한 주를 사들일 수 있다. 이는 이론적으로는 대단한 것 같지만 관리되는 금의 양은 얼마 되지 않으며, SPDR Gold Shares

---

9   시카고 거래소 그룹 홈페이지 참조(2023. 12. 6.).
    https://www.cmegroup.com/markets/metals/precious/gold.html
    https://www.spdrgoldshares.com/#usa

로 거래되는 금의 양은 뉴욕선물거래소를 통해 거래되는 일일 금 거래량과 비교하면 매우 적은 양이다.

2024년 현재 SPDR Gold Shares는 일평균 2,400만 주가 거래되고 있는데, 이는 금 240만 온스(74.6톤)에 해당한다. 이와 비교하여, COMEX 선물용으로는 일평균 20만 건 이상의 계약이 이루어지고 있다. 일일 약 2,000만 온스(약 622톤)의 금이 거래되고, 약 4,800만 온스(약 1,493톤)의 금이 미결제 포지션으로 남기도 한다. 이러한 선물 계약의 90% 이상이 전자거래로 이루어지고 있다. 또한, 최상의 매입 호가呼價와 매도 호가를 포함한 모든 거래가 실시간 공개되므로 유동성이 제고되고 투명한 가격 발견이 가능하다는 장점이 있다. 투명한 가격과 작은 단위의 스프레드spread는 시장의 성공을 돕는 열쇠일 뿐만 아니라 이를 이용하는 투자가들에게도 큰 혜택이 된다.

선물거래 증거금[10]과 관련하여, 2024년 8월 기준 가격으로 금 상장지수펀드에 5,000달러를 투자하면 약 2온스의 금에 해당하는 주株를 매입하게 된다. 5천 달러는 적잖은 투자 금액이지만, 투자가가 실질적인 수익을 내려면 금 가격이 상당히 변동해야 할 것이다. 반면에 5,000달러를 증거금 계좌에 예치할 경우, 선물거래자는 금 가격 변동에 따라 COMEX 금 선물의 매입·매도를 통해 50온스까지도 이익을 실현할 수 있다. 이러한 선물 전략

---

10 선물거래자가 계약할 때 증거금(證據金) 계좌에 예치하는 보증금으로, 계약금의 3~8%이다.

은 같은 금액을 금 상장지수펀드에 투자하여 얻을 수 있는 것에 비해 25배가 넘는 수익 가능성을 제공한다.

금 선물을 거래하는 투자자와 비교하면, 금 상장지수펀드에 투자하는 개인은 중개 수수료 및 상품 출시·환매에 따른 각종 비용을 부담해야 한다.

상장지수펀드에 수반되는 비용 중 대부분은 관리 수수료 및 세금과 관련된 것이다. 금 선물과 금 상장지수펀드 모두 실물 금을 물리적으로 인도하는 메커니즘을 제공한다. 따라서, COMEX 금 선물 또는 금 상장지수펀드를 통해 금을 매입하려는 투자자는 금 인도와 환매를 위해 사용되는 표준 절차와 수량이 있다는 것을 알아야 한다. 예컨대, SPDR Gold Shares의 수탁인 역할을 하는 대형 상업은행은 뉴욕 또는 런던의 자체 금고에서 10만 주 (1만 온스) 단위로 금의 인출 및 환매를 취급한다. 수탁인은 일반인과 직접적으로 거래하지 않으므로 실물 금을 인출하려는 개인 투자자들은 중개회사를 통해야 한다. 그리고 실물 금을 물리적으로 인수할 때마다 보안·운송 및 보험과 관련된 비용이 발생할 수 있으므로 반드시 사전에 투자 전문가와 상의하여야 한다.

연도별 온스당 평균 국제 금 가격

연도	평균 가격(달러)	비 고
1900~1933	20.67	1933년 미국 20.67달러 태환 중지
1934~1967	35.00	1934년 미국 35달러 태환 재개
1968	38.94	이중 금가격제 도입
1972	59.00	1971년 금 1온스당 38달러로 달러화 평가절하
1973	97.84	1973년 금 1온스당 42.22달러로 달러화 평가절하
1975	106.91	미국 1, 2차 금 경매
1979	304.70	미국 최종 금 경매
1980	614.50	IMF 최종 금 경매
1985	317.30	플라자 합의
1990	383.60	1988 EC EMU경제통화연합
1995	384.10	1998 유럽중앙은행 출범
2000	279.10	1999~2004 1차 중앙은행 금협정
2005	444.50	2004~2009 2차 중앙은행 금협정
2010	1,224.20	2009~2014 3차 중앙은행 금협정
2015	1,160.10	2009~2011 IMF 금 매각
2020	1,769.60	2014~2019 4차 중앙은행 금협정
2023	1,940.50	–
2024. 6.	2,330.90	–
2024. 9.	2,474.30	–

참조: World Gold Council, 〈Gold spot prices〉, 2024. 9. 30.
https://www.gold.org/goldhub/data/gold-prices
LBMA, 〈LBMA Precious Metal Prices〉, 2002. 10. 31.
https://www.lbma.org.uk/prices-and-data

금과 화폐의 관계*

금은 최고의 안전자산이다. 경제 위기 발생 시 다른 투자자산의 가치는 하락했지만, 금은 약간의 가격 변동이 있었을 뿐 그 가치를 유지하였다. 국제적인 경제 위기로 인해 경제적 불확실성이 확대됨에 따라 더 많은 투자자가 다시 금을 찾게 되었다.

런던은 18세기 이래 세계 금융의 중심지였다. 1717년 영국에서 금본위제가 시행되었다. 지폐의 시초는 금 세공소에서 개인에게 빌려준 차용증이다. 고객이 금을 세공소에 맡기면 보관증을 써 주었다. 고객은 이 보관증을 제시하면 언제든지 금을 교환해 갈 수 있었다. 시간이 흐르면서, 보관증을 발급받은 사람이 아니더라도 보관증을 소지하고 있다면 누구든 금을 교환할 수 있게 되었다. 이후 보관증은 오늘날의 지폐와 같은 형태를 갖추게 되었다. 그러나 이 지폐는 지금 우리가 사용하는 것과는 성격이 다르다.

---

* EBS 다큐프라임 〈자본주의〉 제1부 '돈은 빚이다(2015. 10. 2.)'편을 참고하여 작성하였다.

1816년 영국 화폐주조법이 제정되어, 1817년부터는 "소지인이 요청하는 경우 5파운드를 지급하기로 약속한다"라고 쓰인 지폐를 제시하면 대영제국의 1파운드짜리 금화인 소버린 5개를 받을 수 있었다. 그러나 제1차 세계대전이 발발하면서 영국은 전쟁 비용을 대느라 화폐(보관증)를 너무 많이 발행했다. 대공황이 발발한 1931년에는 파운드화로 교환할 금이 부족하여 결국 금태환을 중지하게 되었다. 다시 말해 금본위제도가 폐지된 것이다.

금태환 등에 혼란이 발생하자 1944년 브레튼우즈 회의에서 새로운 통화질서를 확립하게 되었다. 승전국인 미국을 중심으로 '브레튼우즈 체제'가 정해졌다. 금의 가치를 달러로 환산하여 표시하게 되었으며, 금태환의 기준 화폐가 미 달러화로 규정되었다. 1944년 7월 1일부터 미 달러화를 기축통화로 하여 금 1온스가 35달러에 고정되었다. 당시 미국 통화로 100달러는 금 2.857 온스로 순금 88.8691그램에 해당하였다. 이로써 국제 통화질서의 중심이 영국 파운드에서 미 달러화로 바뀌었다. 미 달러화는 각국의 화폐와 교환 가능해졌으며, 금으로도 교환할 수 있었다.

미국은 1776년 독립 후 처음 40년 동안 공식적으로는 금은 양본위제(금은본위제)를 유지했다. 1879년, 미국은 고전적 금본위제를 받아들였다. 1927년 발행된 20달러 지폐는 20달러 금화와 농능한 가치로 교환 가능하였다. 당시 지폐에는 금화로 교환 가능하다는 문구가 들어 있었다.

1960~1975년 베트남 전쟁 이후 많은 것이 변하였다. 15년간 지속된 전쟁에 미국은 천문학적인 돈을 쏟아부었지만, 전쟁에서

패하고 말았다. 베트남 전쟁으로 인해 1960년대 미국이 계속하여 국제수지 적자를 기록하자 다른 국가들은 달러를 금과 바꿔 달라고 요구하기 시작하였다. 미국의 금 보유고가 바닥날 것을

영국의 화폐 단위

기니 Guinea

1663년 영국에서 주조된 금화로, 명칭은 원료가 되는 금이 주로 서아프리카 기니에서 수입되었다는 데에서 유래되었다. 처음에 기니의 가치는 1기니 = 20실링(1파운드)이었으나, 금 시세 변동으로 1기니 = 21실링(1파운드 1실링)으로 조정되었고 1717년부터 이 값이 표준이 되었다. 현재는 사용하지 않는 단위이다.

실링 Shilling

영국의 은화로, 오랜 시간 동안 사용되었고 1실링 = 12펜스, 20실링 = 1파운드이다. 1971년 십진법 도입 이후 1실링 = 5페니로 대체되었다. 현재는 사용하지 않는 단위이다.

소버린 Sovereign

1817년부터 발행된 금화로, 20세기 초까지 1파운드 가치를 지닌 공식 화폐로 사용되었다. 22K 순금으로 주조되었으며, 경도를 높이기 위해 구리를 섞었다. 개당 무게는 7.98그램이고 그중 순금의 무게는 7.32그램이었다. 2024년 기준 화폐 수집가들의 호가는 약 485파운드이다.

페니 Penny

영국에서 사용된 동전으로, 고대 로마에서 사용된 은화 데나리우스 Denarius에서 유래되었다. 십진법이 도입되기 전의 파운드 스털링 체계에서 기본이 되는 화폐 단위였다. 페니의 복수형은 펜스 Pence이다. 사용 초기에는 12펜스 = 1실링, 240펜스 = 1파운드였으나, 1971년 십진법 도입 후 100펜스 = 1파운드로 가치가 변경되었다.

파운드 스털링 Pound Sterling

현재 영국에서 사용하는 화폐단위로, 일반적으로 '파운드'라 불린다. 화폐 코드는 GBP Great British Pound이다.

우려한 닉슨 대통령은 1971년 8월 15일 금과 화폐가 연결되는 금본위제를 폐지하고 금태환을 정지하였다.

금태환 정지로 돈과 금의 연결고리가 끊어지자, 미국 연방준비제도(이하 '연준')Fed: Federal Reserve System는 돈을 마음대로 찍어낼 수 있게 되었다. 지폐 공급량을 연준이 마음대로 조절하게 된 것이다. 달러 유통량은 1971년 608억 달러, 1981년 1,430억 달러, 1991년 3,000억 달러, 2001년 6,000억 달러, 2011년 2조 1,000억 달러, 2023년 20조 7,000억 달러, 2024년 6월 약 21조 달러에 달하였다. 2023년의 달러 유통량은 1971년 대비 약 340배 증가하였다. 중앙은행이 달러를 발행한 만큼 금을 비축할 필요가 없어지자, 달러 유통량은 기하급수적으로 늘어났다. 시중에 돈이 늘어나면 경기는 호황을 누린다. 달러 유통량이 늘어남에 따라, 미국은 전 세계 자본주의의 중심이 되었다.

월가Wall Street는 금융 산업을 통해 미국의 초고속 성장을 견인했다. 전체 산업에서 금융업과 제조업이 차지하는 비율을 비교했을 때, 제조업은 1971년 22%에서 2011년 13%로 줄어든 반면, 금융업은 1971년 15%에서 2011년 21%로 대폭 증가하였다.

금융 산업이 급성장할 수 있었던 요인은 놀랍게도 적은 지급준비금과 차입투자leverage를 통해 가용자산을 증대시킨 것이었다. 예를 들어, 중앙은행이 A은행에 100만 달러를 빌려준다고 했을 때, A은행은 100만 달러의 10%인 10만 달러를 지급준비금으로 예치預置하고 나머지 90만 달러를 B에게 빌려준다. B가 이 돈을 C은행에 맡기면 C은행은 D에게 81만 달러를 빌려준다. D

가 다시 이 돈을 A은행에 맡기면 A은행은 E에게 72만 9천 달러를 빌려준다. 이러한 과정이 반복되면 100만 달러가 수천만 달러로 불어나게 되는 것이다.

미국뿐만 아니라 전 세계에서, 개인에게 가장 큰돈을 대출해주는 제도는 주택담보대출(모기지론mortgage loan)이다. 집을 구매할 때 빌린 돈을 30년 분할 상환할 수 있게 해 주는 것이다. 2000년대 초반 주택담보대출은 엄청나게 증가하였다. 은행은 돈 버는 대출에 혈안이 되었고, 돈을 더 벌 수 있는 혁명적 아이디어로, 고객으로부터 받은 대출약정서(상환증서)를 담보로 주택담보부증권MBS: Mortgage Backed Securities을 연준과 투자자들에게 되팔아 그 대금으로 또 다른 대출을 운영하게 되었다. 물론 투자자에게는 원금과 이자가 꼬박꼬박 다시 전달된다.

이것이 파생상품의 돈벌이 과정이다. 1980년대 파생상품 규모는 약 30조 달러였으나, 20년이 지난 2008년에는 600조 달러가 되었다. 참고로 2020년 전 세계 GDP는 약 100조 달러에 불과하였다. 주택 구매자의 돈이 주택담보부증권, 부채담보부증권, 기타 파생상품으로 변신하였다. 이는 곧 하나가 무너지면 모든 것이 무너지는 시스템이었다.

뉴욕 맨해튼 한복판에 눈덩이처럼 불어나는 미국 연방정부의 부채를 표시하는 '미국 채무 시계'가 있었다. 2000년 9월 7일 철거 당시 연방정부의 빚은 5조 7,000억 달러였고, 미국 재무부에 따르면 2024년 3월 말 기준 연준과 민간이 보유한 미국의 부채

public debt는 총 34조 5,800억 달러(한화로 약 4경 8천조 원) 이다. 이는 지난해 미국의 GDP인 27조 3,600억 달러와 맞먹는다. 2024년 1분기 전 세계 부채 규모는 315조 달러(약 43경 1,400조 원)로 사상 최대 규모다. 중국, 인도, 멕시코 등 신흥 시장의 부채는 105조 달러로 급증했다.

금과 돈의 연결고리가 끊어졌기 때문에 하나가 무너지면 모든 것이 무너지는 시스템이 형성되었다. 선진국 대부분은 빚이 많다. '성장'이라는 마약에 중독되어 빚의 덫에 걸려 있다. 정부가 보증하는 국채가 무한정 발행되어 생긴 사태이다. 금으로부터 족쇄가 풀린 돈에 기반을 둔 경제가 만들어졌고, 이러한 경제체제는 또 다른 위험을 드러낸다.

사람들은 월가와 투자회사, 은행들이 경제를 구할 것이라고 믿는다. 그러나 그들은 경제를 구하는 데도, 실업 문제에도 관심이 없다. 그들은 자신이 보유한 주식의 가치와 숫자놀음에만 관심이 있으며, 실제로 존재하지 않는 부와 경제를 만들고 있을 뿐이다.

화폐가치가 떨어지면 사람들은 금과 은을 선택한다. 금과 은은 진실하기 때문이다. 지폐에 대한 불신으로 금값은 계속 오를 것인가? 금값은 호황기에는 떨어지고 불황기에는 오른다. 돈이 돈을 벌어다 주는 시기에는 금을 찾지 않는다. 경제 위기가 해소된다면 금을 덜 살 것이라고 예상된다. 그러나 세계에는 갈등과 불안 요소가 가득하므로, 금의 화폐가치는 지속적으로 유효할 것이다.

부자는 금을 산다*

KB금융지주경영연구소가 〈2023년 한국 부자 보고서〉를 발표하였다. 이 보고서는 우리나라 부자를 '순 금융자산이 10억 원 이상이고, 거주용 순 부동산자산이 10억 원 이상을 보유한 개인'이라고 정의하였다. 2023년 기준 순 금융자산을 10억 원 이상 보유한 개인은 45만 6,000명으로, 전체 인구 대비 0.89%에 해당했고, 이들이 보유한 총금융자산은 2,747조 원이었다. 부자들은 평균 약 60억 원의 금융자산을 보유했고, 자산 포트폴리오는 부동산자산 56.2%, 금융자산 37.9%, 회원권 등의 기타자산 5.9%로 구성되었다.

2023년 우리나라 부자들의 총금융자산 규모(2,747조 원)는 실질 GDP(2,243조 원), 시가총액(코스피와 코스닥의 합계, 2,558조 원), 예금은행 총예금(2,557조 원)보다 많으며, 비은행 금융기관 총 수신액(3,477조 원)의 80%에 이르고, M_2 유동성(3,904조 원)

* 이 글은 〈시정일보〉(2024. 1. 3.)에 "우리나라 부자 보고서는 무엇을 의미하는가"라는 제목으로 게재된 글로, 2023년 12월 KB금융지주경영연구소에서 발표한 〈2023 한국 부자 보고서〉를 참고하여 작성하였다.

의 70%에 이른다. 또한, 부자들의 총금융자산은 우리나라 전체 가계 금융자산 4,652조 원의 59%를 차지한다.

한국 부자 중 금융자산 100억 원 미만인 '자산가'는 41만 6천 명, 300억 원 미만인 '고자산가'는 3만 2천 명, 300억 원 이상인 '초고자산가'는 9천 명이었다. 초고자산가는 한국 총인구 대비 0.02%에 해당했다. 보고서에는 없지만 500억 이상 슈퍼자산가는 약 1,500명, 1,000억 이상 초 슈퍼자산가는 약 80명으로 추정된다.

금융자산이란 화폐시장과 자본시장에서 언제든지 돈으로 바꿀 수 있는 예금, 증서, 주식, 채권, 증권, 증권상품, 파생상품, 상장 일반상품, 장외거래 상품을 말한다. 금융자산형 부자들이 보유한 총금융자산의 비중은 유동성 금융자산 31.5%, 예적금 30.2%, 주식·상장지수펀드 등 14.4%, 보험 12.1%, 채권 9.1% 순이다.

부자들의 부동산자산은 2,543조 원으로 발표되었다. 하지만 투자 형태별 구성비가 부동산 56.2%, 금융자산 37.9%, 기타자산 5.9%로 분석되었기에, 이를 역산하면 부자들이 가지고 있는 실제 부동산은 약 4,073조 원이고, 부자들의 총자산은 7,248조 원으로 추정된다.

우리나라 국부國富[11]가 약 10.1조 달러(한화 약 1경 4,000조 원)이라면, 그중 가계와 비영리단체의 순자산 93%를 부사들이 가

---

[11] 국부는 가계와 비영리단체 순자산(純資産), 법인 순자산, 정부 순자산의 총합으로 산출할 수 있다. 순자산이란, 총자산에서 총부채를 뺀 것을 의미한다.

진다. 또한, 부자들은 지역별로 불균등하게 분포한다. 수도권(서울, 경기, 인천)에 한국 부자의 70.6%(32만 2,400명)가 집중되어 있다.

부자들이 현재의 부를 축적할 수 있었던 원천은 사업소득 31%, 부동산투자 소득 24.5%, 상속·증여 20%, 금융투자소득 13.3%, 근로소득 11.3%였다. 부 축적의 기초가 되는 종잣돈의 출처는 사업 수익금, 부동산투자 수익금, 상속·증여의 비중이 75.5%로 대부분을 구성하고 있다.

가난한 사람은 종잣돈이나 기초 자산이 없으므로 부자가 될 기회가 거의 없다. 우리나라 인구는 5,170만 명이고 총가구 수는 2,177만 가구이다. 우리나라 분위별 월평균 가구소득(5분위 기준, 2023년 1분기)은 1분위(하위) 약 107만 원, 2분위(중하위) 약 259만 원, 3분위(중위) 약 405만 원, 4분위(중상위) 약 605만 원, 5분위(상위) 1,148만 원으로 발표되었다. 가계 평균소득은 2023년 1분기 640만 원으로, 4분위 가구는 중상위에 해당함에도 가계 평균에 미치지 못하는 소득을 기록했다.

그리고 5분위(상위)를 다시 하상위, 중상위, 최상위로 나누어 인구수와 평균소득을 살펴보면, 하상위는 450만 명(약 800만 원), 중상위는 350만 명(약 1,000만 원), 최상위는 250만 명(약 1,500만 원)으로 구분할 수 있겠다.

서민은 착각하며 경제 활동을 한다. 자신이 중산층이라고 믿는 사람을 하위층으로 봐야 하고, 상위층이라고 믿는 사람은 중산층에 불과하다. 억대 연봉을 받는 근로소득자가 131만 7,000

명이고, 꿈의 1억 원 클럽에 들어가려면 소득 상위 3%에 속해야 한다. 우리나라 급여생활자 상위 20%에 속하는 고소득자의 연봉이 하위 20%의 15배에 달하지만, 부자들의 사업·이자·배당·임대소득에 비하면 새 발의 피다.

최상위계층 45만 6,000명은 연 3억 원 이상의 소득이 있는 부자로, 이들의 배우자·자녀·손자를 포함하면 약 250만 명에 이를 것이다. 최상위계층의 총금융자산은 2020년 약 2,618조 원에서 2022년 약 2,747조 원으로 약 129조 원이 증가하였다.

부자들은 금을 사 모으고 있다. 한국거래소 금시장에서 2019년부터 2023년까지 5년간 이루어진 금 거래 규모는 연평균 약 20톤이며, 거래액은 약 1조 3,760억 원이다. 금 1그램당 평균 단가는 6만 9,700원이었다. 또한, 2014년부터 2023년까지 10년간 금의 수출입액을 살펴보면, 수출은 103.4억 달러, 수입이 131.5억 달러로, 28.1억 달러(한화 약 3조 8,000억 원)가 수입 초과액이다. 약 40톤의 금이 초과 수입되었다. 부자들의 자산 포트폴리오도 2014년에는 금의 비중이 0.1% 이하였으나 2024년 들어 1.5%까지 오르고 있다.

민간 분야의 금 보유량은 정확한 수치로 나타낼 수 없다. 다만, 여러 가지 연구 결과를 참조하였을 때 2024년 기준 민간 분야 금이 약 600톤이고, 그중 부자들의 보유분이 약 400톤일 것으로 추정된다. 금값은 지속적으로 오르고 있기에, 부자들은 금융자산에서 금이 차지하는 비중을 늘림으로써 부를 증대시킬 기회를 잡을 것이다.

왜 부자가 되기가 어려운가? 세계적인 추세이지만 우리나라는 특히 경제적 불평등이 심하다. KB금융지주 부자 보고서에 따르면, 금수저형 부자의 82.6%가 20~40대에 가족으로부터 지원·증여·상속으로 종잣돈을 모아 부자가 되었고, 그 결과 기울어진 운동장이 형성되었다. 또한 일반 가구의 자산 포트폴리오에서 부동산자산의 비율은 80.2%이고 금융자산은 15.6%에 불과했다. 이는 부자의 금융자산 비중에 비하여 2.4배가 낮으므로 금융투자 여력이 없어 소득을 창출하지 못하고 있음을 알 수 있다.

우리나라 경제체제에서는 고부가가치를 창출한다 해도 일반 근로자들의 소득 편차가 심할 수밖에 없다. 또한, 독점 자본주의와 독점기업이 국제경제를 지배하며, 금융공학 전문가들이 금융기술을 왜곡시키고 있고, 자본수익률이 경제성장률보다 높다. 서민의 실질소득은 명목소득 증가율만큼 상승하지 않고, 경제성장으로 파이는 커졌지만, 가난한 사람들은 자기 몫을 챙기지 못하고 빼앗기고 있기 때문에 부자 되기는 더욱 어려워진다.

우리나라의 2023년 화폐발행고는 185조 원으로, 그중 88%인 163조 원이 5만 원권이다. 이 중 80%는 장롱이나 금고에 잠자고 있다. 카드 사용액은 매월 87조 원에 이른다. 화폐 유동성의 의미가 퇴색되고 있다.

우리나라 GDP는 1970년 약 2.8조 원에서 2023년 약 2,243조 원으로 약 870배 증가하였다. 같은 기간, 통화 유동성(M_2)은 0.8조 원에서 3,904조 원으로 4,880배 증가하였다. 따라서 자신의 자산 가치가 50여 년 전보다 870배 이상 증가하지 못하였거나, 금융자산이 4,880배 이상 증가하지 못하였다면 가난해진 것이다.

그러므로 자본주의에 편승하지 못하거나, 경제발전 속도를 따라가지 못하거나, 독점기업들의 사업에 직간접적으로 참여하지 못하거나, 금융기술을 모르거나, 자본수익이 없다면 부자가 될 수 없다. 개천에서 용 나듯 부자가 될 기회는 점차 사라지고 있다. 소수의 부자가 다수의 빈자를 만드는 빈부격차는 사회계급의 불균형을 초래했고, 이로 인한 불평등은 해소할 수 없을 정도의 수준에 이르렀다.

금은 불평등을 만든다*

한국 자본주의 50년 경제발전

우리나라는 눈부신 경제발전으로 경제 규모가 커지고 국민소득이 높아졌지만, 그에 따라 빈부격차가 커지고 불평등이 심화한 국가다. 빈부격차와 불평등 심화는 우리나라의 문제이기도 하지만, 세계적인 현상이고 추세이기도 하다. 이러한 빈부격차와 불평등이 국민의 불만으로 표출됨에 따라 제도에 문제점이 있다고 생각되어, 주요 지표를 중심으로 한국 경제를 돌아보고자 한다. 먼저 주요한 국제경제 지표를 본 다음, 우리나라의 경제 지표를 살펴보겠다.

　서방세계는 자본주의의 마지막 단계라 할 수 있는 '제국주의 자본주의'에 이르렀다. 또한, 독점 자본가들이 중심적인 경제 주체로 자리하게 되어 '제국주의 독점자본주의' 체제가 형성되었다. 2024년 IMF 보고서에 따르면, 2023년 전 세계 GDP는 104.8조 달러이다. 그중 미국이 27.3조 달러, 중국이 17.7조 달러, 유

---

*　이 글은 〈시정일보〉(2021. 11. 1.)에 게재된 글로, 통계 수치를 2023년 기준으로 수정하였다. 2021년 (사)칠일동지회 50주년 기념 심포지엄에서 '한국 자본주의 50년 변화와 경제발전사'를 주제로 발표된 토론문을 참고하여 작성하였다.

로존 회원국이 18.3조 달러로, 이를 합하면 전체의 약 60%를 차지한다. 한국은 1.7조 달러로, 2004년부터 세계 10대 경제 대국에 포함되었으나, 2022년에 13위로 추락하였다. 일본은 2013년에 6.3조 달러였으나 2023년에는 4.2조 달러로 약 33% 감소하였다.

2023년 전 세계 주식시장의 시가총액은 약 108.2조 달러이다. 뉴욕증권거래소와 나스닥을 합하여 약 49조 달러, 상하이·선전·홍콩 증권거래소 총합이 약 14.8조 달러로, 두 나라가 전체의 약 60%를 차지하고 있다. 그리고 유로넥스트·나스닥 노르딕·독일·스위스를 합하여 약 13.1조 달러이고, 일본이 약 6.1조 달러다. 인도 국립증권거래소와 뭄바이증권거래소의 합계는 약 8.3조 달러로 급부상하고 있고, 우리나라 증권거래소는 약 1.9조 달러로 세계 16위를 기록했다.

2023년 기준 글로벌 기업의 시가총액을 살펴보면, 애플·마이크로소프트·알파벳(구글)·아마존·엔비디아[12]·버크셔 해서웨이·메타·테슬라 등 9개사 합계가 약 11.5조 달러이며, 아람코·TSMC·루이비통·텐센트·알리바바 등을 포함한 세계 20대 기업의 합계가 15.9조 달러로 전 세계 주식시장의 약 14.7%를 차지했다. 삼성전자는 세계 20대 기업 목록에 끼지 못했다. 이와 같이 주요 경제지표인 GDP, 시가총액, 세계 20대 기업의 비중 등을 나타내는 숫자가 제국주의 독점자본주의 경제체제를 증명한다.

---

12 2024년 9월 20일 기준 2조 8,455억 달러로, 1위이다.

세계 주요 경제 지표

항목(단위)		1994년 9월	2024년 9월	증가율
주가지수	S&P 500	460	4,300	9.3배
	NASDAQ	750	13,600	18배
	KOSPI	900	2,580	2.8배
연말 GDP (조 달러)	미국	7.0	25.0	3.6배
	일본	5.0	4.2	-0.16배
	중국	0.55	19.0	34.5배
	한국	0.455	1.72	3.8배
M2(조 달러)	미국	3.5	21.0	6.0배
	일본	4.5	10.9	2.4배
	중국	0.5	42.0	84배
	한국	0.25	3.0	12배

출처: Newsweek, Ycharts, Wikipedia, Macromicro, WGC, 한국은행

이와 같은 국제경제의 주요 경제지표인 GDP, 시가총액, 세계 20대 기업의 비중 등을 나타내는 숫자가 제국주의 독점자본주의 경제체제를 증명한다.

그렇다면 제국주의 독점자본주의의 독점 자본가는 누구인가? 그들의 존재가 마치 조지 오웰의 소설《1984》에 등장하는 '빅 브라더Big Brother'와 같다는 주장이 있다.

세계 금융기관의 최상위에는 국제통화기금과 국제결제은행, 세계은행World Bank이 있다. 국제결제은행은 전 세계 모든 은행의 자기자본비율을 규제하고 있으며, 국제통화기금과 세계은행은 전 세계 모든 정부와 기업의 모든 정보를 손바닥 들여다보듯 꿰뚫고 있다. 이러한 정보는 국제경제를 쥐락펴락하는 주요 기관과 기업의 수장들에게 제공되고, 이들을 임명하고 통제하는 빅 브라더들에게 전달된다. 세계 돈줄을 쥐고 있는 빅 브라더들은 다양한

국가들과 관계를 유지하며 국제분쟁, 군사 문제, 경제협약 등 가속화되는 정보화를 통하여 세계를 지배하며, 국제 정세뿐만 아니라 정치와 경제를 좌지우지하는 힘이라고 일컬어진다. 그 힘의 주요 원천은 미 달러화이다.

세계경제를 지배하는 힘은 프리메이슨[13]·예수회·일루미나티·템플 기사단·몰타 기사단·콜럼버스 기사단 등 전통적으로 이어져 내려온 세력가들이라는 음모론을 제기하는 이들도 있다. 이들은 국제적으로 영향력 있는 기관의 수장, 교황, 미국 대통령 중에 기사단 출신이 많다고 주장한다. 이와 같은 세력가들의 힘에 의해 제국주의 독점자본주의가 형성되었다는 것이 음모론자들의 이야기다.

그렇다면 한국의 경제 규모는 어떠한가? 우리나라 GDP는 1970년 2.8조 원, 1990년 200조 원, 2010년 1,379조 원, 2020년 2,058.5조 원, 2023년 2,401.2조 원이다.

수출은 1970년 8.4억 달러에서 1995년 1,000억 달러를 넘었고, 2018년 6,048억 달러, 2023년에는 6,322억 달러를 달성했다. 2020년(5,179억 달러)에 팬데믹으로 인해 주춤했으나, 2022년 6,836억 달러로 1970년 대비 800배 가까이 증가했다. 또한, 2011년에는 대외의존도(국민총소득[GNI] 대비 수출입 비율) 109%에 이르렀다. 하지만 수출이 증가됨에 따라 경상수지와 국부가

---

13 Free and Accepted Masonry, 세계적인 비밀 결사 조직 중 하나이다.

증가하면서 찬란한 경제발전을 이룩할 수 있었다.

대외의존도가 높은 우리나라 경제발전의 주된 원동력은 수출입을 통한 부가가치 창출과 경상수지 흑자이다. 2010부터 2021년까지 12년 동안 우리나라의 총 수출액은 6조 6,017억 달러였다. 그중 대對 중국 수출이 1조 6,740억 달러로 25.4%, 대對 미국 수출은 중국의 절반 수준인 8,178억 달러로 12.4%를 차지했다.

같은 기간 경상수지는 8,334억 달러 흑자인데, 그중 중국으로부터 4,334억 달러를 벌어 전체의 52%를 기록했다. 이는 원화로 약 520조 원을 벌어들인 것이다.

독점자본주의의 주요 지표인 유동성[14](M_2)은 1970년 약 0.8조 원, 1990년 130조 원, 2010년 1,660조 원, 2023년 3,904조 원으로 기하급수적으로 증가하였다. 50년 사이 약 4,880배가 증가한 것이다. 2023년 기준, 우리나라 유동성 3,904조 원은 GDP보다 약 1.6배가 많고, 국가 예산 600조 원의 약 6.5배가 넘으며, 증권시장 시가총액 2,558조 원보다 1.5배가 넘는 규모로 공급되므로 시중자금이 넘쳐흐른다는 뜻이다. 최근 M_2보다는 광의유

---

14 자산을 현금으로 전환할 수 있는 정도를 의미하며, 기본적으로 시장에 유통되는 통화량으로 측정할 수 있다. 유동성의 종류는 다음과 같다. 광의유동성은 한 국가의 경제가 보유하고 있는 전체 유동성의 크기로, '국가유동성'이라 할 수 있다.
① 협의통화(M_1) = 현금 + 요구불예금 및 수시입출식 저축성예금
② 광의통화(M_2) = M_1 + MMF + 수익증권 + 시장형상품 + 2년 미만 정기예금, 금융채, 금전신탁 등
③ 금융기관유동성(Lf) = M_2 + 2년 이상 장기금융상품 등 + 생명보험계약 준비금 등
④ 광의유동성(L) = Lf + 국채, 지방채 + 회사채, CP + 기타금융기관 상품 등

동성(국가유동성, L)이 자주 언급된다. 참고로 2023년 금융기관 유동성(Lf)은 5,343조 원, 광의유동성(L)은 6,909조 원이다.

1997년 한국의 IMF 외환위기는 아시아 금융 위기의 일환이었고, 제국주의 독점 자본가인 빅브라더들의 하수인 격인 사모펀드Private Equity Fund에 의한 계획된 작전이었다는 주장도 있다. 당시 국제통화기금의 주도하에 한국 정부뿐만 아니라 주요 국영기업, 금융기관들의 경영·회계 정보, 자금의 흐름 등 온갖 비밀들이 미국의 컨설팅 회사로 유출되었다. IMF 외환위기를 통해 자본 자유화는 이루어졌으나, 이후 미국의 자본가들이 한국 주식시장의 약 75%를 점유하게 되었다.

이후 한국은 위기를 기회로 삼아 신용 제도·국제 경쟁력·수출을 강화함으로써 빠른 경제회복에 성공했다. 이에 따라 신흥 부자들이 탄생했고, 그들은 풍부한 유동성을 기반으로 자본을 축적한 후, 주식시장에서 국내 자본의 지분을 높이게 되었다. 이에 따라, 외국인 지분을 35%까지 낮추기도 했다. 이러한 신흥 부자들은 자본이 축적됨에 따라 외환위기 경험을 바탕으로 글로벌 자본가, 즉 토종 사모펀드로 변신하게 되었고, 그들도 모르는 사이에 한국의 슈퍼리치(초고액 자산가) 자본가가 되었다. 또한 슈퍼리치들은 여유 자금이 많으므로 금을 살 수밖에 없다.

한국 주요 경제 지표

항목(단위)	1970년	2000년	2020년	2023년	비고
명목 GDP(조 원)	2.8	675	2,058.5	2,401.1	–
1인당 명목 GNI(달러)	257	12,632	33,928	36,194	–
M₁(조 원)	0.3	197	1,198	1,246	말기 잔액
M₂(조 원)	0.8	707	3,199	3,904	말기 잔액
Lf(조 원)	1.3*	911	4,477	5,343	*1971년
L(조 원)	–	1,039	5,678	6,788	–
수출(억 달러)	8	1,723	5,125	6,322	–
수입(억 달러)	20	1,605	4,676	6,426	–
경상수지(억 달러)	-3.1*	101	759	354	*1976년
외환보유고(억 달러)	6	962	4,431	4,201	–
코스피 시가총액(조 원)	5.1	188	2,366*	2,558*	*+코스닥
국내 금 가격(원/그램)	745	10,705	66,911	81,586	
국제 금 가격(달러/온스)	37.44*	279.17	1,769.54	1,943.07	*LMBA 가격
원/달러 환율(원)	311.2	1,130.6	1,180.0	1,293.0	평균

출처: 한국은행 경제통계시스템(GDP: 2024.6.4. 수출입: 2024.8.22. 기타: 2024.9.13. 기준)

지금까지 살펴본 실물 경제 부문에서 알 수 있듯이, 한국의 경제는 예외적으로 급속 성장했기 때문에 일반적인 경제학이나 경제체제를 적용하여 분석하기는 어렵다. 한국의 경제학은 이제 경제 역사학이 되었다.

경제제도는 인간이 본연의 인간성을 보존하며 인간다운 생활을 영위할 수 있게 도와야 한다. 경제체제는 특정한 질서나 조직에 의해 지배되어서는 안 된다. 그러나 우리나라 자본주의는 극단적으로 급격하게 발전했기 때문에 사회계급의 불균형을 초래했고, 빈부격차로 인한 불평등은 해소할 수 없을 정도의 수준에 이르렀다. 이제 경제제도와 체제는 미래 사회학·사회 경제학적 관점에서 진지하게 연구되어야 할 것이다. 더 이상 자본주의를 통해 인간다운 생활을 누릴 수 없다면 대안이 마련되어야 한다.

다만, 실물 경제에 있어 "집값은 내려갈 것인가?", "주가는 오를 것인가?", "환율은 내려갈 것인가?", "금 가격은 오를 것인가?"에 대한 답은 하나이다. 경제발전에 따라 자산수익은 증가할 수밖에 없기 때문에, 부동산·주식·외화 보유자라면 "계속 가지고 있어라"고 말할 수밖에 없다. 비록 불평등이 심화하고 국민 대다수가 비명을 지를지라도, 제국주의 독점자본주의에 편승해야 지속적인 부를 창출할 수 있는 것이다.

2부

금 이야기
금본위제도

금본위제도

1816년 영국은 금본위제도를 채택하였다. 이후 많은 나라에서 본위화폐本位貨幣로 금화가 주조되었고, 각국의 일상 거래에서 무제한 법화法貨로 유통되었다. 그러나 1925년 영국이 금지금본위제金地金本位制를 시행함에 따라 본위화폐로서의 금화는 더 이상 주조되지 않았다. 물론 기념주화 등 화폐로 통용되지 않는 금화는 나라마다 수시로 주조되고 있다.

금본위제도란 금이 화폐제도의 중심을 이루고 있는 본위제도를 말한다. 화폐(통화)제도는 여러 종류의 화폐로 구성된 합성체合成体이며, 통화에 관한 통일된 질서를 뜻한다. 화폐를 발행하기 위해서는 확립된 기준이 필요하다. 화폐 발행의 기준이 되는 화폐단위를 '본위'라고 하며, 일국의 화폐가 일정한 본위제도에 의해 발행되었을 때 이를 '본위화폐'라고 한다. 또한, 거래를 원활하게 하기 위해 본위화폐 이외에 사용하는 화폐를 보조화폐라고 한다. 본위화폐가 금속과 연결된 경우를 금속본위제도라고 하고, 한 종류의 금속을 본위화폐로 정하는 것을 단본위제도單本位制度, 두 가지 종류 이상의 금속을 본위화폐로 정하는 것을 복본위제도

複本位制度라 한다.

따라서, 본위화폐로 금을 채택하면 '금본위제도', 은을 채택하면 '은본위제도'라고 한다. 본위화폐가 어떠한 금속과도 관련 없이 정해지는 것을 자유본위제도自由本位制度라고 하며, 본위화폐로 지폐를 사용하는 자유본위제도를 '지폐본위제도'라고 한다.

자유본위제도에서 은행권 발행고發行高는, 일정 비율의 금준비가 필요한 금본위제가 아니기 때문에, 금 보유액과 직접적인 관련이 없다. 자유본위제도가 활성화되면서 국가들은 통화의 발행과 유통을 규제하는 통화제도인 통화관리제도通貨管理制度로 이행하지 않을 수 없었기에, 오늘날에는 모든 국가가 이를 채택하고 있다.

1816년 영국이 금본위제를 채택하면서 국제금본위제도國際金本位制度: International Gold Standard가 시작되었다. 여러 국가가 금본위제도를 채택하여 금이 국제 화폐로서 기능을 발휘하는 제도를 국제금본위제도라 한다. 당시 영국의 공업 생산력은 세계적으로 우월하였고, 전 세계에 걸친 식민지를 통한 국제무역에서도 지배적 지위를 갖고 있었다. 세계 각국은 영국의 영향을 받아 이 제도를 불가불不可不 채택하게 되었다. 이에 따라 금본위제도는 국제통화제도로서의 성격을 띠게 되었다.

국제금본위제도는 일정량의 금을 본위화폐로 하며 금의 자유주조鑄造 · 제련製鍊 · 수출입輸出入 · 태환兌換을 인정하는 제도를 말한다. 이 제도하에서는 지금地金과 금화와 은행권銀行券이 등가等價 관계에 놓이며 이에 의하여 화폐가치의 안정이 보장된다.

90

1844년 영국중앙은행의 은행 조례 공포 이후 영국의 금본위제도는 통화주의通貨主義에 근거하여 은행권의 발행고發行高를 금 준비의 엄격한 규제 아래 두었고, 중앙은행의 통화정책通貨政策은 금본위제도의 원칙을 착실히 추종했다. 이 원칙에 의하면 금의 유출국流出國은 화폐량을 축소하여야 하며, 금의 유입국流入國은 화폐량을 팽창시켜야 한다. 따라서 금 유출국의 물가가 하락하고 금 유입국의 물가가 상승하여 상품의 국제가격이 변화하며, 수입과 수출의 방향이 역전됨으로써 무역수지는 다시 균형 상태에 도달한다. 그러나 관계국들은 인위적인 화폐량 조절을 회피할 수밖에 없었다.

국제금본위제도는 환율의 안정과 외환거래의 자유를 가져온다는 장점이 있으나, 국제수지의 불균형을 수정하는 데 국내 경기의 안정성을 희생시킨다는 본질적 결함을 내포했다. 이 제도는 영국이 수출 초과를 유지하고 초과분만큼 해외투자를 실현할 수 있었던 제1차 세계대전 이전까지 국제적인 다각 결제에 큰 지장 없이 운영되었다.

그러나 1913년 미국 연방준비제도의 탄생으로 국제금본위제도는 조절 기능을 대부분 상실하게 되었다. 미국에 유입된 금은 신용 확대의 도구로 쓰이지 않았고, 미국은 금의 수출을 금지하고 은행권 발행 시 40%까지 금으로 보증준비保證準備하게 했기 때문이다. 미국은 금 유입국으로서 화폐량을 팽창시키지 않았으며, 금이 단기 자본이동을 통해 미국으로 집중되며 금의 극단적 편재偏在 현상이 발생했다. 더불어, 국제정세 불안과 경쟁적인 환율평가절하換率平價切下는 미국으로의 자본도피 경향을 더욱 조장하였고, 국제금본위제도는 1944년에 붕괴하고 말았다.

그러면 금과 관련된 화폐제도를 이론적 본위제도에 결부시켜 좀 더 구체적으로 살펴보겠다. 금본위제도는 금과 화폐 간 등가관계等價關係를 어떻게 설정하느냐에 따라 금화본위金貨本位, 금지금본위金地金本位, 금환본위金換本位로 분류된다.

첫째, 금화본위제Gold Coin Standard는 가장 원시적이고 순수한 형태의 금본위제이며, 실제 금화가 통용화폐로 사용되는 제도이다. 그러나 금화만 화폐로 사용된 적은 없고, 금화와 함께 은행권, 기타 화폐가 동시에 유통되는 경우가 대부분이었다. 금화는 전혀 유통되지 않고 금화와 태환兌換할 수 있는 은행권과 기타 화폐만 유통되는 경우도 있었다. 금화본위제가 시행되려면 금화의 자유 주조 및 실질적 유통이 허용되고, 주궤鑄潰 등 금의 수출입과 처분의 자유가 보장되어야 한다. 그리고 지폐와 금이 동시에 유통될 때 정화(금화)와의 태환이 자유로워야 한다는 조건이 따른다.

위에서 말한 태환이 되는 정화正貨[1]란, 일반적으로 보조화폐 및 지폐에 대한 본위화폐를 말한다. 금본위제 국가에서는 본위화폐

---

1   금이나 은 등 자체 가치를 지니는 귀금속으로 만들어졌기 때문에 경제적 내재가치를 가지는 화폐이다. 이와 달리, 현재 통용되는 지폐는 불환 화폐(fiat money, 내재가치가 없는 화폐)이고, 정부의 신용에 의존한다. 불환 화폐는 국가의 경제 상황이나 정책에 의하여 그 가치가 결정된다.

인 금화와, 화폐 발행 혹은 대외결제를 위한 지급준비로서의 지금地金을 정화라고 한다. 현재는 금본위제도를 채택하고 있는 국가가 거의 존재하지 않으므로 금과 확실하게 태환될 수 있는 외국환 등이 정화에 포함되기도 한다.

둘째, 금지금본위제Gold Bullion Standard는 금의 자유 주조를 인정하지 않으며, 화폐 발행기관이 일정 가격으로 금을 매입·매각하는 책임을 맡아 금과 지폐 간 가치 관계를 유지하는 제도이다. 금지금본위제는 금을 직접 화폐로 사용하지는 않지만, 지폐를 금으로 교환할 수 있는 제도이다. 이때 지폐와 교환할 수 있는 금은 금화가 아니라 금지금(금괴)이다. 중심적으로 유통되는 화폐는 지폐이며, 주화는 보조 화폐이다.

중앙은행이 발행한 은행권을 태환하기 위해 준비금準備金을 보유하는 것을 정화준비라고 한다. 금지금본위제에서 중앙은행은 정화준비 목적으로 금지금을 보유한다. 또한, 중앙은행이나 정부는 일정한 가격으로 금지금을 매입하며, 필요에 따라서는 금지금의 매각 의무를 갖기도 한다. 아울러 정부는 금지금의 수출입을 자유롭게 허용한다.

중앙은행이 발행한 은행권이 현금으로 유통될 때, 그 일부는 예금은행의 지급준비금으로 있게 된다. 이는 중앙은행의 채무가 되므로, 중앙은행은 은행권을 발행하면 그에 해당하는 금괴, 대부 금, 국채 등의 자산을 보증물保證物로서 보유해야 한다. 즉, 중앙은행은 은행권을 발행할 때 원칙에 따라 보증물을 준비해야 한다는 것이다. 이 보증물을 발행준비發行準備라고 하며, 발행준비는 정화준비와 보증준비保證準備로 구분된다.

중앙은행이 보유한 정화 준비량만큼의 은행권을 발행하는 것을 '정화준비발행'이라고 한다. 금지금본위제에서 정화준비발행은 금준비를 바탕으로 통화를 발행하는 것이기 때문에, 정화준비를 전액 포함하여 통화량을 발행하는 제도이다. 그리고 정화준비 이외의 발행준비 수단인 상업 어음, 국채, 기타 유가증권 등으로 보증준비하여 은행권을 발행하는 것을 '보증준비발행'이라고 한다. 중앙은행과 중앙은행 준비금은 국가 신용제도의 기축機軸이 된다.

금본위제도하에서 중앙은행의 준비금은 국제적 대외결제를 위한 준비금, 국내에 유통되는 금속 통화를 위한 준비금, 예금 지급과 은행권 태환을 위한 준비금의 역할을 한다. 그러나 현재는 은행권(지폐)이 상용화됨으로써 국내에 유통되는 금속 통화를 위한 준비금의 역할은 소멸하였다. 한편, 전쟁이나 공황 등으로 금의 자유로운 수출·태환·주조·용해와 예금 지급, 은행권의 태환이 보장되지 않는다면 중앙은행 준비금은 그 기능을 상실하게 된다.

셋째, 금환본위제는 금본위제를 채택한 국가의 환어음을 보유함으로써 자국 통화와 금 간의 연결을 보장하는 제도이다. 다시 말해, 한 국가가 다른 금본위국의 금환金換(금과 태환할 수 있는 채권)을 일정한 가격으로 매매하여 자국 통화와 금이 일정한 관계를 맺도록 하는 것이다. 따라서 모든 나라가 이 제도를 채택할 수는 없으며, 금환본위제가 성립하기 위해서는 금본위제도를 채택하고 있는 국가가 반드시 필요하다.

금환본위제는 금을 직접 사용·교환하지 않지만 한 국가의 통화가 금과 고정된 교환비율을 유지하게 만드는 제도이다. 금본위제 국가의 통화가 국제교역에서 사용되면 금을 대신하는 화폐로 작용한다.

금환본위제도에서 중앙은행은 금과 연결된 외국환으로 국내

연도별 세계 주요 국가·기관별 금 보유량

(단위: 톤)

국가명	1948년	1970년	2000년	2010년	2020년	2023년
미국	21,682	9,839	8,137	8,133	8,133	8,133
독일	–	3,536	3,468	3,401	3,362	3,352
스위스	1,232	2,426	2,419	1,040	1,040	1,040
프랑스	487	3,138	3,024	2,435	2,436	2,437
이탈리아	85	2,565	2,452	2,452	2,452	2,451
네덜란드	163	1,588	912	612	612	612
일본	3	473	763	765	765	846
포르투갈	209	802	607	382	382	382
영국	1,431	1,198	487	310	310	310
벨기에	554	1,307	258	227	227	227
인도	–	–	358	558	676	803
튀르키예	–	–	116	116	394	540
러시아	–	–	384	788	2,298	2,333
중국	–	146	395	1,054	1,948	2,235
기타	2,913	5,832	5,813	4,717	7,057	7,050
합계	28,906	32,750	29,018	26,608	31,708	32,368
국제통화기금	1,276	3,855	3,217	3,217	2,814	2,814
유럽중앙은행	–	–	747	764	506	506
국제결제은행	–	–	197	223	223	223
WAEMU[1]	–	–	33	36	36	36
전 세계	30,182	36,605	33,212	30,848	35,287	36,699

주: 서아프리카경제통화연합(West African Economic & Monetary Union)
출처: World Gold Council, 〈Gold Reserves by Country〉, 2024. 8. 2.
　　　https://www.gold.org/goldhub/data/gold-reserves-by-country

정화준비금을 충당한다. 금융당국은 외국환을 일정한 시세로 매입 또는 매각할 의무를 지며, 국내 본위화폐인 지폐와 주화(보조화폐)를 사용하게 된다. 금환본위제를 채택한 나라는 금본위제에서처럼 많은 양의 금을 보유하지 않고도 금과 등가^{等價}의 통화를 보유할 수 있다. 제1차 세계대전 후 금본위제가 부활했을 때 금 부족의 완화를 위하여 많은 나라가 이 제도를 도입했다.

통화에서 금속으로 변해 버린 금

IMF 체제 이후 국제통화제도에서 금의 위치

1944년 7월 미국 뉴햄프셔주 브레튼우즈에서 연합국 44개국이 참가한 가운데 체결된 브레튼우즈 협정은 제2차 세계대전 이후 국제통화 처리의 근본 방침을 정하였다. 이 협정을 통해 국제통화기금IMF이 설립되었고, 달러를 중심으로 한 금환본위제가 채택되었다. 따라서 미 달러화는 국제통화제도 및 금융질서의 기축통화가 되었고, 미국은 달러화에 대한 금태환을 보증하였다.

앞의 글에서 말한 바와 같이 금환본위제도란 한 국가의 통화를 다른 국가의 금환과 태환할 수 있는 통화제도이다. 미국은 금환본위제를 바탕으로 금 가격을 고정(순금 1온스당 35달러)하고, 나머지 국가들은 기축통화인 미 달러화를 통해 금과 연결되었다.

그러나 1947년 전후 유럽 재건 계획 및 국제원조 등으로 인해 미국의 국제수지 적자로 보유 금이 감소했고, 달러의 금태환에 대한 불안이 야기되었다. 그러자 미국은 미 달러화의 금 교환성에 대한 대외적 불안을 해결하기 위해 1960년 10월 바젤 협정을 체결하고, 미국 정부와 영국중앙은행은 공동으로 금 매매 조작 bridging operation을 통해 보유 금을 시장에 방출하였다. 그리고 유럽 각국의 금 매입 가격 상한선을 온스당 미화 35달러 20센트로 고정하여 금 가격을 방어하고자 했다. 하지만 여전히 미국의 금 유출은 많았고, 미국의 국제수지 적자 누적으로 달러화의 불안 요소는 지속되었다.

1961년 11월 국제결제은행 월례회의는 바젤 협정을 발전시켜 미국의 제안으로 런던 골드풀 협정London Gold Pool Agreement을 체결했다. 미국, 영국, 프랑스, 서독, 벨기에, 네덜란드, 스위스, 이탈리아가 골드풀에 참여했다. 당시 금은 공식 가격보다 훨씬 높은 가격으로 거래되고 있었다. 골드풀 참가국들은 금 가격이 하락하면 금을 매입하고, 금 가격이 상승하면 금을 매도함으로써 미국의 금 공급 부담을 완화하고 금 가격을 안정시키며, 투기적 수요를 억제하고자 했다. 골드풀 참가국들의 금 공급 분담비율은 미국이 50%, 서독 11.12%, 영국 · 프랑스 · 이탈리아 각 9.29%, 벨기에 · 네덜란드 · 스위스 각 3.7%였다. 이러한 골드풀 협정 덕택에 일시적으로 금 가격이 안정되고 달러화의 가치가 유지되었다.

그러나 계속되는 미국의 국제수지 적자에 민간부문 금 가격은 지속 상승했고, 1967년 프랑스는 금 갹출醵出을 거부하며 골드풀에서 탈퇴했다. 또한, 영국은 1파운드당 2.8달러에서 2.4달러로 환율을 내리면서 미국에 압박을 가했다. 영국은 파운드화 가치 하락을 통하여 금값을 안정화시키고 금 수요를 억제하고자 하였으나, 코너에 몰린 미국 정부가 1968년 3월 15일 런던 금시장의 잠정 폐쇄를 요구하게 만들고 말았다.

뒤이어 1968년 3월 17일 워싱턴에서 개최된 미국, 벨기에, 서독, 이탈리아, 네덜란드, 스위스, 영국 등 골드풀 7개국 중앙은행 총재 회의는 이중금가격제二重金價格制; Two-tier Gold Price System를 도입하였다. 이는 공공부문 거래에서는 금 1온스당 35달러의 공정 가격을 적용하고, 민간부문 거래에서는 시장 수급 사정에 따라 가격이 결정되도록 금 가격을 이원화하자는 내용이었다. 이에 각국 정부는 민간 시장에 대한 금 매도와 매입을 정지하게 되었고, 결국 골드풀은 해체되었다.

이중금가격제를 도입했음에도 불구하고 1970년 11월 프랑스, 벨기에, 네덜란드, 스위스 등이 미국에 과잉 공급된 달러화의 금태환을 청구하였다. 미국의 국제수지 악화로 인한 달러 유출 증가로 세계적인 달러 과잉 현상이 나타났기 때문이었다. 이에 따라, 유럽 각국은 앞다투어 미국에 금태환을 청구하였고, 1971년 8월 15일 미국 정부는 결국 달러의 금태환 정지 선언을 하였고 달러의 금태환은 완전히 종료되었다.

1971년 12월 워싱턴 스미스소니언박물관에서 열린 다국 간 통화 조정 회의는 달러화 금태환 정지 선언에 따른 혼란을 수습하기 위해 이루어진 회의였다. 이때의 협정으로 국제통화체제는 스미스소니언 체제Smithsonian System로 이행하게 되었다. 협정의 주요 내용은 금 1온스당 가격을 35달러에서 38달러로 조정하여 달러의 평가를 7.895% 절하하고, 이에 따라 다국 간 환율 재조정을 실시하며, 환율 변동 폭을 상하 각 2.25%로 정하는 와이더 마진wider margin을 도입하는 것이었다.

그러나 스미스소니언 체제는 금환본위제를 바탕으로 한 IMF 체제의 와해를 막지 못했을 뿐만 아니라, 국제통화체제를 지속적으로 안정시키지 못했다. 유럽 외환시장에서 달러화 투매投賣 및 파운드화 위기 등이 지속해서 발생하여 전면적 통화 불안 현상이 지속됐기 때문이다.

1973년 2월 미국은 달러화를 금 1온스당 38달러에서 42.22달러로 다시 한번 평가절하하였다. 그런데도 투기의 성격을 띠는 달러화 투매 현상이 재연되어 대부분의 외환시장이 폐쇄되기에 이르렀다. 결국 같은 해 3월 11일 유럽공동체 재무장관 회의에서 공동변동환율제共同變動換率制, 일명 스네이크 시스템Snake System을 채택함으로써 스미스소니언 체제도 무너지고 말았다.

아울러 골드풀 7개국도 대부분 공동변동환율제를 채택했고 자유 금시장[2]의 금 가격이 공정가격을 훨씬 웃돌자, 골드풀 7개국의 중앙은행은 보유한 금을 자유 시장에 매각하게 되었다. 이 조치는 금의 폐화를 향한 전진이었고, 이중금가격제의 폐지를 의미하는 것이었다. 한편에서는 결제 화폐로서의 금의 기능이 부활할 것이라는 우려도 있었지만, 일단 1973년 11월에 이중금가격제는 폐지되었다.

이후 1975년 1월 미국의 '금 보유법 개정안The Gold Reserve Act

---

2   정부와 민간 모두 거래할 수 있는 금시장.

Amendments of 1974'실시에 따라 민간인의 금 보유가 허용되었다. 뒤이어 1975년 8월 제4차 IMF 잠정위원회에서 금의 공정가격을 폐지하기로 합의하자 국제통화기금과 가맹국 간의 거래에 있어 금의 사용 의무가 철폐되었고, 잠정위원회는 금 출자지분의 3분의 1에 해당하는 5천만 온스를 처분하기로 결의하였다. 국제통화기금은 보유 금의 6분의 1에 해당하는 2,500만 온스를 매각하여 매각 차익으로 회원국 중 저소득 국가를 위한 특혜대출 기금을 마련했고, 나머지 2,500만 온스는 회원국에 공정가격으로 반환했다.

1976년 1월 자메이카의 수도 킹스턴에서 열린 IMF 잠정위원회 회의를 거쳐 합의된 킹스턴 체제Kingston System는 30년간 유지해 온 브레튼우즈 체제를 국제통화기금 스스로 해체하고 새롭게 구축한 국제통화체제를 말한다. 킹스턴 체제는 고정환율제固定換率制와 변동환율제變動換率制를 함께 유지함으로써 회원국이 환율 제도를 선택할 수 있게 했다. 또한, 변동환율제의 가장 큰 약점인 시세 격변을 막고 환율의 변동을 완화하기 위하여 각국 정부가 시장에 적극적으로 개입할 수 있게 했으며, 금의 공정가격을 폐지하여 일반 상품과 마찬가지로 시장에서 자유롭게 매매되도록 했다.

SDR 본위제3와 변동환율제를 양대 축으로 하는 킹스턴 체제

---

3 국제통화기금이 발행하는 특별인출권(SDR: Special Drawing Rights)을 중심으로 한 통화체제를 의미한다. SDR이 각국의 외화준비자산으로 사용되거나 국제금융에서 기준역할을 할 수 있다는 개념이다. SDR 가치는 여러 국가의 통화의 가중평균으로 산정된다.

의 도입은, 금 매매의 자유화를 통해 브레튼우즈 체제와 금환본위제를 완전히 붕괴시켰고, 금 폐화의 기본 방향을 설정한 셈이 되었다.

더 나아가, 1978년 4월 1일 체결된 〈국제통화기금협정에 대한 제2차 개정안〉은 국제통화체제에서 금이 가진 화폐로서의 역할을 완전히 소멸시키자는 내용이었다. 이 개정안의 체결은 제2차 세계대전 이후 브레튼우즈 협정을 통해 성립된 금본위 고정환율제도에 기본을 둔 국제통화체제의 붕괴를 의미했다. 또한, 금본위 통화의 폐화를 의미하였으며, 금을 공식적 통화 수단으로부터 금속으로 전환하는 결정적 계기가 되었다.

즉, 화폐의 가치척도이자 평가기준이었던 금의 역할을 완전히 배제한 것이었다. 미국에서 금의 개인소유에 대한 제한을 해제시킴으로써 금의 폐화는 가속화되었고, 금은 공식적 국제통화체제에서 완전히 제외되었다. 뒤이어 미국은 금 경매를 재개하여 총 1,700만 온스(약 350톤)의 금을 매각하였다.

1979년 3월 13일 구축된 유럽통화시스템European Monetary System은 환율 합의에 참여한 참가국들이 의무적으로(회원국들은 선택적으로) 매 분기 유럽통화협력기금European Monetary Cooperation Fund에 유럽통화ECU, European Currency Unit를 대가로 20%의 금 및 미 달러화 준비금을 교환하도록 하였다. 1978년 작성된 〈국제통화기금협정에 대한 제2차 개정안〉이 1984년 4월에 발효되자 화폐의 가치척도 및 IMF 평가기준으로서의 금의 역할은 완전히 배제되었고, 국제통화제도에서 금의 역할은 규정상 완전히 소멸하였다.

그러나 이후로도 국제통화체제에서 금의 화폐적 기능을 부분적으로라도 회복하려는 노력이 끊임없이 대두되었다. 1981년 미국 레이건 정부의 '금·달러 체제' 복귀 검토 등 금의 통화로서의 지위 회복에 관한 문제 제기가 있었고, 세계 각국은 계속해서 준비자산reserve assets으로 금을 보유하려 했다. 준비자산이란 미 달러화 등의 기축통화, 자국 보유 금, 골드 트랑슈, 특별인출권 등 외화 지급준비에 충당된 자산이다.

또한, 골드 트랑슈는 국제통화기금 가맹국이 별다른 조건 없이 차입할 수 있는 자금으로, 가맹국이 출자한 IMF 할당액과 국제통화기금이 보유한 각국 통화액 간의 차액을 의미한다. 가맹국은 할당액의 25%를 금으로, 나머지 75%를 자국 통화로 지불하게 되어 있으므로, 할당액의 25%만큼 골드 트랑슈를 가지는 셈이다.

금은 명목상으로는 국제통화체제와 무관하게 되었지만, 그 수요는 여전히 급증하고 있으며 세계 금융시장에서 새로운 초점을 형성하는 재화이다.

금의 폐화 이후 역할

금본위제도에서 금은 본위화폐의 공통 단위가 되었고, 금을 기준으로 화폐가치를 비교함으로써 자국 통화의 대외적 가치를 산출할 수 있었다. 일국의 통화를 타국의 통화로 환가換價함에 있어 금을 공통 기준으로 삼아 그 가치를 쉽게 알 수 있는 것이었다.

이때 적용되는 기준이 법정평가法定平價 또는 금평가金平價: Gold Parity이다. 금평가는 본위화폐에 대한 금의 공식적인 환율을 말하고, 본위화폐의 금 함유량을 법으로 정해 두었을 때 통화의 교환 비율을 법정평가 혹은 주조평가鑄造平價라고 한다.

예를 들어, 1930년대에 사용되었던 1달러 금화의 순금 함유량은 23.22그레인grain4 이었고, 1파운드 금화5의 순금 함유량은 113.0026그레인이었다. 즉, 이때의 달러 대對 파운드의 금평가는 1파운드 = 4.86656달러(113.0016÷23.22)가 되었다. 금본위제도 시행 시기의 금평가는 외환시세를 결정하는 기준이 되었으므로, 금평가를 중심으로 외환시세가 변동되었다.

국제금본위제도하에서 국가 간의 외환율外換率은 법정평가를 중심으로 하여 운임, 보험료, 금리 등을 포함한 금괴의 현물 발송 비용을 가감한 범위 내에서 변동한다.

외환율 변동의 범위가 금괴의 현물 발송 비용을 초과하는 경우, 외환을 구매하는 것보다 현물(금괴)을 발송하는 것이 유리하다. 외환율은 법정평가에서 현물 발송 비용을 차감한 '금 수출점' 이하로 하락하지 않는다. 반대로 금괴의 현물 발송 비용이 외환율 변동의 범위를 초과하는 경우, 현물(금괴)을 발송하는 것보다 외환을 구매하는 것이 유리해진다. 이때, 현물 발송 비용은 법정

4 　영국의 야드·파운드법에 의한 무게 단위. 1그레인은 약 0.0648그램에 해당한다.

5 　당시 영국의 1파운드 금화는 '소버린(Sovereign)'이었고, 개당 무게는 약 7.98805그램이었으며 그중 순금이 7.322그램(113.0026그레인) 포함되어 있었다.

평가에 외환율을 차감한 점 이상으로 상승하지 않는데, 이 지점을 '금 수송점輸送點'이라고 한다.

현물 금을 옮기는 데는 운임, 보험료, 수송 기간 중 발생하는 이자, 기타 비용 등이 소요되므로, 수송에 드는 모든 비용을 법정비가法定比價에 가산하면 금 수출점을 얻게 된다. 반대로 법정비가에서 수송 비용을 빼면 금 수입점輸入點을 얻게 된다. 이러한 구조에서, 외환 시세는 금 수출점을 상한으로, 금 수입점을 하한으로 하는 범위 안에서 안정적으로 움직여 국제수지의 균형을 유지시킨다. 만약 외환 시세가 이와 같은 범위를 벗어나면 외환으로 거래하기보다는 금을 직접 수출입하는 것이 유리해지기 때문이다.

예를 들어, 국제수지가 수입 초과 상태일 때 외환 수요가 증대되어 외환시세가 일시적으로 금 수출점을 웃돌면 자국 화폐의 대외가치가 하락하게 된다. 이때, 금으로 대외부채를 결제하여 금이 해외로 유출되면 국내 통화량이 감소하여 디플레이션이 발생한다. 그러면 자국의 화폐가치가 상승하고 외환 수요가 감소하게 된다. 이로 인한 자국 환시세의 상승은 국제수지를 개선하여 금을 유입시키고 인플레이션을 발생시킨다. 이러한 과정을 통해 국제수지가 자동으로 조절되는 것이다.

그러나 현재와 같은 관리통화제도管理通貨制度에는 금평가처럼 통화의 교환 비율을 자동으로 결정하는 기준이 없다. 다만, 1945년 12월 도입된 '환평가Par Value of Exchange'는 미 달러화를 기축통화로 하여 자국통화의 가치를 환산하는 방법이다. 국제통화기금 가맹국들은 등록된 금평가를 기초로, '금 1온스 = 35달러'를 기준으로 하여 자국통화의 가치를 평가했다.

자본주의 경제발전에 따라 세계화폐로서의 금의 기능은 쇠퇴하였고 금의 기능에 대한 억제는 필연적으로 이루어졌으며, 국제적 신용 화폐인 외국환어음_{foreign bill of exchange}이 발달하여 세계화폐로서 금을 대신하게 되었다. 또한, 금준비의 역할도 외국환준비가 대신하게 되었다.

그러나 지금도 국제적 신용의 배후에는 세계화폐로서의 금이 감추어져 있다. 외국환어음이 발달할수록 국제경제에서 금의 기능은 약화되었지만, 그 사실이 금이 가진 세계화폐로서의 가치를 부정하지는 않는다. 또한, 국가 간 신용이 변동함에 따라 금이 외국환어음의 역할을 대신할 수 있으므로, 외국환어음이 발달해도 여전히 금준비는 필요하다.

제2차 세계대전 이후 1950년대 세계경제의 초점은 불황과 실업 문제에서 인플레이션으로 이동되었다. 이에 따라, 통화정책의 유효성에 대한 재평가가 이루어졌고 국가별 통화정책의 수정과 통화가치의 안정이 요구되었다.

금과 외화는 사실상 각국의 대외 준비 지급수단으로 집중되었고, 이를 중앙은행이 발권준비_{發券準備}로서 보유함에 따라 금·외화준비의 증감을 일정 부분 은행권_{銀行券} 발행고에 반영시키는 경향이 일반화되었다. 자국의 발권제도가 외국 통화의 신용변동에 영향을 받는 것을 피하기 위해서 외화준비보다 금준비의 증대와 강화가 지속해서 요구되었다.

그리고 금은 각국의 외환보유액foreign exchange reserve 중 하나이다. 외환보유액은 보유외환, SDR, IMF 포지션, 금 등으로 구성되어 있다. 국제수지, 통화가치, 환율 등이 복잡하게 얽힌 국제금융시스템의 신용 경제체제에서 금이 가진 준비자산의 역할이 논의되고 있다. 1992년 2월 7일 유럽공동체EC는 유럽의 경제 및 통화통합을 위한 마스트리흐트 조약Treaty of Maastricht에 조인調印했고, 1998년 5월에는 오스트리아 · 벨기에 · 핀란드 · 프랑스 · 독일 · 아일랜드 · 이탈리아 · 룩셈부르크 · 네덜란드 · 포르투갈 · 스페인 등 11개국이 각국 통화의 환율을 고정하고 새로 통일된 통화를 발행하는 것을 목적으로 하는 유럽경제통화동맹EMU: European Monetary Union에 가입하였다.

그리고 1998년 7월 유럽중앙은행 총재단회의에서는 1999년 1월 1일 이체될 395억 유로의 개시준비금Initial Reserves의 15%를 금으로 이체하도록 결정하였으며, 1998년 12월 31일까지 회원국 중앙은행들이 보유하고 있는 금을 포함한 외화준비자산의 운용에 대해 유럽중앙은행의 승인을 받도록 하였다. 이러한 일련의 조치를 통해, 금본위제도 폐지 이후에도 계속해서 금이 국제통화로서 기능하고 있음을 확인할 수 있다.

1999년 9월 26일, 제 1차 중앙은행 금 협정(워싱턴 금 협정)CBGA: Central Bank Gold Agreement이 체결되었다. 유럽경제통화동맹 11개 회원국, 스웨덴, 스위스, 영국중앙은행과 유럽중앙은행ECB이 금을 국제통화 준비의 중요한 요소로 보고 향후 5년 동안 총 매각량을 2,000톤(연간 상한 400톤)으로 제한하자는 내용이었다. 이 협정은 2004년 9월까지 존속되며, 이 기간에 금 리스gold leasing, 선물 거래gold futures, 옵션거래options를 제한하기로 합의한 것이었다.

제 2차 중앙은행 금 협정은 2004년 9월 체결됐으며 연간 500톤, 5년간 2,000톤 이상 매각을 제한하기로 합의하였다. 이 협정은 2009년 9월 25일까지 존속하기로 하였다. 제 2차 중앙은행 금 협정은 2004년 3월 체결되었으며, 향후 5년 동안 총 매각량을 2,500톤(연간 상한 500톤)으로 설정하였다. 이 협정은 2004년 9월 27일부터 2009년 9월 26일까지 유효했다. 2차 협정에는 11개 EU 회원국과 키프로스·그리스·몰타·슬로베니아·스웨덴·스위스 등 17개국과 유럽중앙은행이 참가하였다.

일반적으로 중앙은행들이 금 보유 정책에 관해 제한을 설정하는 것은 지극히 이례적인 일이지만, 유럽의 중앙은행들은 1999년 유로화 도입 당시 금값이 크게 떨어지자 이 같은 조치를 취한 선례가 있었다. 금의 가치는 유로화의 가치와 직결되어 있으므로 금융시장은 금 보유액과 금값을 인플레이션 가늠자로 보고 면밀하게 주시하고 있다.

제 3차 중앙은행 금 협정은 2009년 체결됐으며 연간 400톤, 5년간 총 2,000톤 이상 매각하지 않기로 합의하였다. 이 협정은

15개 EU 회원국과 에스토니아·라트비아·슬로베니아·스웨덴·스위스 등 20개국과 유럽중앙은행, 국제통화기금이 참가하였다. 3차 협정은 2014년 9월 26일까지 존속되었다. 국제통화기금은 3차 협정 이후 인도·스리랑카·방글라데시·모리셔스 중앙은행에 총 222톤을 매각하고, 시장에서 191.3톤을 매각했다. 국제통화기금이 보유한 준비금은 2009년 9월 약 3,217톤에서 2011년 12월 약 2,814톤으로 줄어들었다.

제4차 중앙은행 금 협정은 2014년 5월 체결되었으며, 18개 EU 회원국과 리투아니아·스웨덴·스위스 등 20개국 및 유럽중앙은행은 협정을 통해 대량으로 금을 매각할 계획이 없음을 밝혔다. 이는 금값 하락을 막고 금시장을 안정시키기 위한 조치였다. 영국중앙은행BOE은 1차 협정에는 참여했지만, 2차부터는 계속 협정에 참여하지 않았다.

참여한 중앙은행들은 "금은 국제통화보유액에서 중요한 부분을 차지한다", "서명국들은 시장 혼란을 막기 위해 금 거래에 대한 협력을 유지할 것이다" 등의 내용으로 구성된 공동성명을 발표했다. 4차 협정은 이전과 달리 금 매각에 대한 수치적 제한이 사라졌고, 적당한 수준의 금 판매량을 유지하고 시장 안정을 도모하자는 약속으로 체결되었다.

이후 중앙은행 금 협정의 추가적인 갱신은 이루어지지 않았다. 서명국들은 시장이 성숙해져 공식적인 협정이 필요치 않다고 판단하였다. 질서 있는 금시장을 유지하기 위해 20년 동안 지속되었던 중앙은행 금 협정이 종료된 것이다.

협정이 종료된 후 금은 더 자유롭게 거래되고, 더 다양한 투자 기반을 가지게 되었다. 유럽중앙은행은 "중앙은행들은 더는 금 시장에 충격을 주지 않기 위해 금 매각을 조정하지 않아도 된다" 라고 설명했다. 금 선물시장은 2019년 9월, 협정 만료가 다가온다는 소식에도 동요하지 않았다. 2019년 8월 뉴욕 거래소에서 금은 온스당 1,418.40달러(0.3% 상승)에 거래되었다. 유럽 중앙은행들의 노력으로 금 가격이 안정된 것이다.

1970년대 후반, 금 가격은 약 850달러로 사상 최고치를 기록했다. 미국과 세계 주요 국가들의 심각한 인플레이션, 소련-아프가니스탄 전쟁, 이란 혁명, 미국의 통화정책 실패 등이 원인이었다. 그리고 2011년 9월, 금 가격은 온스당 약 1,920달러로 최고치를 갱신하였다. 2008년 글로벌 금융위기 후유증, 미국 신용등급 강등, 유럽 부채위기가 주요 원인이었다. 4차에 걸친 금 협정으로 금 가격은 일시적으로 안정되었으나, 2022년부터 인플레이션 우려가 지속되었고, 미국 금리정책의 불확실성, 이스라엘-팔레스타인 전쟁, 러시아-우크라이나 전쟁, 일부 중앙은행 금 확대 등으로 2024년 9월 말 기준 금 가격은 온스당 약 2,600달러로 다시금 최고치를 갱신하였다. 금 가격은 더 올라갈 전망이다.

3부

세계의 금시장

세계 금시장의 개요

세계 금시장은 방대한 규모이며, 크게 세 가지로 구분할 수 있다. 첫 번째는 장외거래場外去來 금시장으로 런던금시장연합회LBMA, 상하이금거래소SGE, 스위스 취리히 금시장 등이 있다. 두 번째는 금속 상품시장으로 뉴욕선물거래소COMEX가 있다. 뉴욕선물거래소는 뉴욕상업거래소NYMEX의 부서이다. 뉴욕상업거래소는 시카고상업거래소그룹CME Group의 자회사이고, 시카고상업거래소그룹은 인터컨티넨털거래소그룹ICE Group의 자회사이다. 그리고 중국 상하이금거래소SGE와 상하이선물거래소SHFE, 인도 다중상품거래소MCX, 두바이 금·원자재거래소DGCE, 도쿄상품거래소TOCOM, 모스크바거래소MOEX, 런던금속거래소LME에서도 금 관련 상품이 거래된다. 세 번째는 금 담보부 상장지수펀드Gold-Backed ETF 시장으로, 거래되는 상품으로는 SPDR Gold Shares, iShares Gold Trust, Invesco Physical ETC, Xetra-Gold 등이 있다.

세계 주요 금시장은 런던, 취리히, 뉴욕, 상하이에 있다. 이들 시장에서는 실물거래가 이루어진다. 또한, 두바이, 홍콩, 싱가포르와 인도의 주요 도시들은 주요한 금 구매 지역이다. 금제품을 활발하게 제조하는 국가로는 이탈리아, 미국, 터키 등이 있다.

2022년 기준 전 세계 금시장의 일평균 장외거래량은 1,343톤 (778억 달러, 한화 약 93조 3,000억 원)이었다. 시장별로 살펴보면, 런던금시장에서 1,070톤(620억 달러, 한화 약 74조 4,000억 원), 상하이금거래소에서 59톤(34억 달러, 한화 약 4조 원), 기타 장외 거래 금시장에서 214톤(124억 달러, 한화 약 14조 9,000억 원)이 거래되었다. 런던 금시장은 실물 금을 보유하는 곳이며, 결제는 런던 금 결제소를 거쳐야 한다.

금속을 포함한 세계 주요 선물거래소의 금 거래량은 약 891톤 (516억 달러, 한화 약 61조 9,000억 원)이다. 시장별로는 뉴욕선물 거래소 674톤(391억 달러, 한화 약 46조 9,000억 원), 상하이선물 거래소 164톤(95억 달러, 한화 약 11조 4,000억 원), 상하이금거래 소 18톤(10억 달러), 기타 금 거래소 34톤(20억 달러, 한화 약 2조 7,000억 원)이었다.

그리고 금 상장지수펀드 및 유사 상품의 일평균 거래량은 약 40톤(23억 달러, 한화 약 2조 7,600억 원)이었다. 금 상장지수펀드 는 담보부 펀드이기 때문에 자산운용에 따른 실물 금이 반영되 어야 한다. 금 상장지수펀드 회사들은 총운용자산AUM: Assets Under Management에 따라 고객의 자산을 금으로 환가하여 관리해야 하므 로, 기본적으로 보유 금을 일정량 확보하고 있다. 회사들은 2024 년 8월 말 기준 실물 금 3,181.7톤을 보유하였다. 이러한 보유 금은 주로 런던 HSBC은행(홍콩상하이은행) 등에 보관하고 있다.

금 상장지수펀드의 평균 거래량은 2022년에 23억 달러, 2023년에 20억 달러(한화 약 28조 원)였다.

금시장은 하루 24시간 내내 거래가 이루어지는 시장이다. 금은 역사적으로 오랫동안 가치를 인정받고 거래되어 온 상품 중 하나이며, 다양한 사용 목적을 지녔기에 그 시장도 특별한 성격을 가지고 있다. 금은 수 세기동안 국가 간 거래에서 중간재 역할을 해왔다. 또한, 모든 국가와 지역에서 지속적으로 통용되었고, 재화로서의 지속성이 있어 강한 투자 매력을 갖고 있다. 오늘날과 같은 경제적 불확실성의 시대에는 금이 가진 투자 매력이 더욱 커지고 있다.

전 세계 보유 금은 2023년 말 기준 21만 2,582톤(시장가격으로 환산하면 약 13조 6,700억 달러)으로 추정되며, 1일 금 거래액은 약 1,300억 달러이다. 연간 거래액은 32조 3,500억 달러에 달하고, 이는 전 세계 보유 금의 2.5배에 해당하는 거래량이다. 또한, 이 금액은 뉴욕증권시장New York Stock Exchange 1일 거래액 350억 달러의 3.7배에 해당한다.

여기에 뉴욕선물거래소, 상하이금거래소, 상하이선물거래소에서 이루어지는 선물 및 옵션거래를 포함하면 2023년 전 세계 일평균 기래량은 약 2,270톤이고 연간 거래량은 56만 7,500돈에 달하며, 온스당 평균 단가를 미화 2,000달러(그램당 64.30달러)로 적용하면 총 거래 금액은 36조 5,000억 달러에 달한다.

전 세계 금시장의 일평균 거래 금액

(단위: 10억 달러)

구분	시장	금액		
		2022년	2023년	2024년 6월
장외거래(OTC)	로코 런던	62.0	78.9	97.5
	상하이금거래소	3.4	4.4	7.3
	기타	12.4	15.8	19.5
	합계	77.8	99.1	124.3
상품거래소	뉴욕선물거래소	39.1	44.3	59.5
	상하이선물거래소	9.5	13.9	27.0
	상하이금거래소	1.0	1.0	1.7
	기타	2.0	2.3	4.6
	합계	51.6	61.5	92.8
상장지수펀드 등		–	2.3	2.0	2.98[1]
합계		–	131.7	162.6	220.1

주: 북미 2.55, 유럽 0.07, 아시아 0.34, 기타 0.01
출처: World Gold Council, 〈Gold market structure and flows〉, 2024. 8. 10.
　　 https://www.gold.org/about-gold/market-structure-and-flows

　금 선물先物이란 장래의 일정 시점에 금의 인수·인도일을 정해 두고, 지정된 거래소에서 수량과 가격만을 확정하여 매매하는 것을 말한다. 따라서, 선물시장에서는 계약을 통해 미래의 특정 시점에 인수·인도될 상품이나 외국환을 미리 거래하게 된다. 선물시장에는 상품 자체가 반입되지 않는다. 거래되는 것은 미래의 인수·인도를 약속한 계약뿐이다.

　상품선물시장은 상품거래소 조직에 속해 있으므로, 상품거래소는 때때로 선물매매가 잘 이루어질 수 있도록 조작을 통해 시장을 조정한다. 선물시장은 상품이 생산되고 최종 거래될 때까지 발생할 수 있는 가격 변동 등의 위험에서 보험 역할을 한다. 이러한 보험의 기능은 연계매매連繫賣買에 의해 수행된다. 연계매매는 파생상품을 함께 거래하여 손실을 최소화하는 복합거래로, 위험 관리를 위한 헤지 사용 및 차익거래를 통한 이익 실현 등의 전문성이 필요하다.

2000년대 초, 영국 런던에서는 매 영업일 오전 10시 30분, 오후 3시 두 차례에 걸쳐 N. M. 로스차일드 앤 선즈 리미티드[1]의 금 가격 결정 룸에서 런던 금 가격 결정London Gold Fixing이 이루어졌다. 금의 가격 결정에는 런던금시장협회의 시장조성자Market Making Members인 주요 5개 금 거래 금융회사들이 참여했으며, 협회 의장직은 N. M. 로스차일드 앤 선즈 리미티드가 맡았다.

상기 5개 회사의 대표는 금 가격 결정룸에서 각 회사의 딜링룸과 전화로 연결된 상태에서, 세계 곳곳의 거래처로부터 주문받은 매매가격을 토대로 가격을 결정하였다. 각 대표가 고객들의 주문을 검토하고, 공급과 수요가 균형을 이루는 지점에서 가격을 정했다. 결정된 가격은 의장인 N. M. 로스차일드 앤 선즈 리미티드가 공표했다. 이때, 각 대표가 가진 작은 깃발이 올려져 있는 동안은 가격이 결정될 수 없다. 이렇게 결정된 가격은 기준 가격fixing price이자 금의 표준 가격으로 전 세계에 발표되었다. 세계 금융기관들은 금의 현금 결제, 스와프swap 및 옵션 거래 등에 이 기준 가격을 사용했다.

21세기 들어 금시장은 전자 플랫폼을 이용하여 중앙 집중화된

---

1 N. M. Rothschild & Sons Limited, 로스차일드 가문의 투자 은행.

거래소를 운영한다. 거래소의 가격정보 제공과 거래는 실시간으로 이루어지기 때문에, 가격은 수요와 공급에 따라 자연스럽게 형성된다. 거래소는 매일 거래된 계약의 가격변동에 따라 모든 포지션을 청산[2]하여 투자자의 계좌에 반영한다. 뿐만 아니라 청산소 Central Clearing House를 통하여 거래를 보증하고 결제 불이행을 방지하며 레버리지와 증거금 시스템을 효율적으로 운영한다.

OTC 금시장도 전자 플랫폼을 이용하여 중앙화된 거래소를 운영한다. 대규모 금융기관이나 중앙은행 등이 거래 상대방의 신용도를 면밀히 평가한 후 양자간 거래 또는 맞춤형 계약형태의 거래가 이루어지며, 거래 목적은 대규모 실물 금의 보유나 인수이다. 금 선물시장은 주로 단기 투자자와 투기적 투자자들에게 인기 있는 반면, OTC 금시장은 대규모 기관 투자자나 중앙은행 등이 장기적인 실물 금 보유 및 대규모 거래를 목적으로 이용하는 경향이 있다.

---

2   mark-to-market, 시장가격 평가 또는 시가평가.

세계 금시장의 전망

금시장의 형성과 운영에서 무엇보다 중요한 것은 금 생산이다. 금 생산이 결국 금시장의 공급원이 되기 때문이다. 남아프리카 공화국을 포함한 세계 주요 금 생산국의 생산량은 1970년대 초에 최고조에 달했으며, 그 이후로 큰 변동 없이 현재의 수준에 이르고 있다. 소련은 제2차 세계대전 이후 상당량의 금을 세계 금시장에 공급했는데, 1978년에는 412톤, 1979년에는 219톤을 기록했다. 그러나 1980년에는 전혀 공급하지 않은 것으로 기록되어 있다. 금 생산에서 소련은 세계 2위(1979년 기준 생산량 253.8톤, 남아공 703.4톤, 전 세계 총생산량 1,222톤)로, 세계 금시장의 유력한 공급원[3]이었다.

금의 폐화와 더불어 1975년 1월 미국의 1차 금 공매가 처음 시행된 후 공식적인 금 경매는 1976년 6월 국제통화기금에 의해 시작되었다. 또한, 1978년 5월 미국 재무성이 경매를 재개함으로써 금시장은 새로운 국면에 들어섰다. 미국의 주도로 IMF에서

---

3   48쪽, 〈세계 주요국 금 생산량〉 참조.

금을 배제하고 금에 의한 지급준비율 및 금평가와 동일한 특별 인출권 제도를 개선하여 금을 주요 준비자산으로 육성하려는 움직임이 시작되었다.

이에 따라 금이 통화준비금의 부차적 공급 수단으로 개발되어 금시장이 투자 및 소비 중심의 시장으로 발달하게 되었다. 금의 수요는 일반적으로 제조·가공 수요와 투자 수요로 나뉜다. 제조·가공 수요는 산업 혹은 예술 분야에서 소비되는 금의 수요로, 여기에 속하는 금은 보석, 전자부품, 장식물, 메달, 코인 등에 사용된다. 투자 수요는 투자예치금, 매점금 등으로 이루어져 있다.

금에 대한 제조·가공 수요는 1978년과 1979년에 각각 1,552톤과 1,315톤이었는데, 이는 1979년 재생 금을 포함한 전 세계 금 생산량 1,262.4톤을 넘는 수치이다. 새로 생산된 금의 전부가 산업 수요에 충당되고 있었으므로, 금시장의 일반 투자수요를 충족시키기 위해서는 매점 금, 재판매 금, 통화 보유 금 등 부차적인 공급원이 요구됐고, 이를 통해 1978년과 1979년에 각각 362톤, 574톤이 시장에 공급되었다. 또한, 당시 미 달러화의 가치 하락, 인플레이션, 석유파동 등에 영향을 받아 금값이 급격히 상승하고 있었다. 이처럼 막대한 양의 금이 시장에서 높은 가격으로 거래되었다는 사실이 금 수요에 대한 잠재성을 보여 주었다.

부차적인 공급원이 줄어들면 시장에서 유통될 수 있는 금의 공급량도 줄어든다. 그리고 다양한 수요 부문 간에 경쟁이 유도되며, 금 가격이 높게 형성되어 소비가 줄어들게 된다. 또한, 수요

부문의 가격은 공급 부문의 가격을 민감하게 자극한다.

주얼리 수요가 높아지면 금 가격이 오르겠지만, 주얼리 제작자는 순도가 낮은 금 혹은 금에 비해 저렴한 금속이나 합금을 사용할 것이다. 산업 수요가 높아지면 산업 제품은 금 함량이 낮은 생산품으로 대체될 것이다. 금 가격의 상승은 기술 개발을 자극해 금을 더 경제적으로 사용하게 하고, 순도가 낮은 대체품을 개발하게 만든다. 이와 대조적으로, 투기 수요는 금 가격의 상승을 자극할 것이다.

공급 부문에서 금 가격 형성은 크게 탄력적이지 않다. 그 이유는 첫째, 생산량을 증가시키는 데 있어서 금광의 지리적 유효성이 자연적으로 제한되어 있기 때문이다. 둘째, 금 생산에는 많은 비용이 들어 대량 생산이 어렵기 때문이다. 셋째, 금광의 수명을 연장하기 위해 금 함량이 낮은 광석에서 금을 채굴하는 경우가 많을 것이다. 생산자는 비탄력적인 공급 가격 때문에 적은 생산량에도 만족할 것이다. 이러한 기술적 특성은 소련의 판매 정책에도 영향을 미쳤다.

결국 공급의 부차적 원천인 일반 투자가 상당량의 매점금을 되사게 되므로 가격이 오르는 것은 사실이다. 1980년대 초, 대규모 은銀 투기를 주도했던 텍사스의 헌트 형제 사건에서 알 수 있듯이 금 가격도 상승 압박을 받았다. 당시 국제 금 가격이 온스당 미화 800달러로 오른 것을 보면 알 수 있는 사실이다. 1979년 평균 금 가격은 온스당 304.7달러였는데 1980년 614.5달러로 급격히 상승하였고, 1981년 458.3달러, 1982년 375.3달러,

1985년에는 317.3달러로 변동하여 안정을 되찾았다.

금시장의 수요·공급 부문의 각기 다른 양상에 의해 도출할 수 있는 결론은 다음과 같다. 금은 오랫동안 가격 변동을 거듭해 왔으나, 지속적인 가격 상승세를 보이고 있다. 일시적 금 가격 약세가 기본적인 경향을 변화시키지는 못한다.

국제 금시장은 경제, 정치, 사회적 요인에 큰 영향을 받으며, 각 지역의 금시장은 그들의 특성과 강점을 바탕으로 발전하고 있다. 금은 안전자산으로서의 역할을 계속할 것이며, 국제경제의 불확실성이 지속되는 한 금에 대한 수요는 꾸준할 것으로 보인다. 또한, 각국의 경제 성장과 중산층 증가, 금에 대한 전통적인 수요 등이 금시장의 성장을 견인할 것이다.

런던 금시장

런던금시장협회

국제적인 금 거래의 중심은 런던이며, 런던은 금괴와 은괴 거래의 세계 최대 시장이다. 이 금괴와 은괴의 실물거래를 감독하고 표준을 설정하는 기관이 바로 런던금시장협회LBMA: London Bullion Market Association이다.

런던금시장협회는 런던금브로커협회London Bullion Brokers를 포함한 여러 금 관련 기관들이 통합되어, 1987년 12월 14일 영국중앙은행과 밀접한 협의 하에 설립되었다. 1986년 영국의 금융업법Financial Services Act의 시행령에 따라 설립되었으며, 지금地金과 은괴의 도매시장에 합법적으로 책임을 지고, 귀금속의 표준 제련 및 정련 관리, 공정거래규칙, 표준 서식 등을 결정하는 기관이 되었다.

또한, 런던금시장협회는 귀금속 거래의 세계적 중심지인 런던에서 세계 각국의 중앙은행, 기업·개인 소비자, 생산자 및 투자자 등의 고객들에게 귀금속 상품과 서비스를 제공하는 런던 금시장을 운영하고 있다.

런던금시장협회 회원은 영국 및 세계 주요 국가들의 실물 금을 취급하는 회사들로 구성되어 있으며, 정회원full membership, 시장가격 결정 회원market making membership; market makers, 준회원affiliate membership으로 나뉜다. 2024년 8월 기준, 정회원은 82개 회사이며, 정회원은 금과 귀금속의 거래와 금의 정제, 용해, 시금, 운송, 금고 관리 등에 참여한다. 금괴 및 파생상품을 거래하는 회사의 경우, 로코 런던[4] 시장에서 금괴 또는 선물환, 옵션 등의 파생상품을 기존 회원과 거래한다. 금괴 예치 계좌를 가진 브로커와 딜러들도 포함되지만, 개인회원 가입은 허용되지 않는다.

시장가격 결정 회원은 11개이며 금과 은의 매수·매도 가격을 제시하고 시장에 유동성을 제공한다. 준회원은 2024년 8월 기준 75개로, 영국 또는 해외에서 런던 금시장과 밀접한 관계를 맺고 있는 국제적인 금 거래 회사들이다.

정회원과 준회원을 업종별로 살펴보면, 은행 44개, 제련·정련 37개, 유통 33개, 딜러·브로커 25개, 운송 7개, 기타 11개 등 다양한 업종에 분포되어 있다. 국가별로는 영국 60개, 미국 21개, 독일 13개, 스위스 12개, 중국(홍콩 포함) 11개, 아랍에미리트 9개, 호주 7개, 캐나다·인도·일본 등이 25개로 총 157개국이 참여하고 있다. 한국은 아직 회원이 없다.

---

4   로코 런던(Loco London)은 금 거래에서 중요한 용어로, 실물 인도가 이루어지는 현물거래를 의미한다. 'Loco'는 '(특정한 장소에) 놓다, 두다'를 의미하는 라틴어 'lŏco'에서 유래했다. 로코 런던의 거래에서 거래방식, 가격기준 설정, 결제와 인도 등은 LMBA가 정한 규정을 따른다.

시장가격 결정 회원

런던금시장협회에서 시장가격 결정 회원은 정회원과 동일한 권리를 가지고 있으며, 최소 주문 수량과 금·은의 계약조건에 대한 매수·매도의 호가를 제시할 책임이 있다. 최소 주문 수량을 정하는 것은 거래 결정에 큰 의미를 가진다. 예를 들어, 금괴 1개가 12.4킬로그램이므로 한국이 금 5킬로그램을 주문할 시 나머지 7.4킬로그램을 구매할 거래자가 없다면 거래가 성사되지 않을 것이다. 이러한 경우 보관과 운반에도 문제가 생긴다. 이러한 문제를 방지하고 거래를 원활히 하기 위해 최소 주문 수량을 정한다.

런던 금시장에는 현물, 선물, 옵션의 세 가지 상품이 있다. 시장가격 결정 회원은 금과 은의 가격을 상호 호가하며 시장을 운영한다. 대부분의 시장가격 결정 회원은 세 가지 상품을 모두 제공하지만, 하나 또는 두 가지 상품만 제공하는 회원도 있다. 11개 시장가격 결정 회원 중에서 6개 회사는 모든 상품에 대한 시장 운영자full market makers이고, 5개 회사는 일부 상품에 대한 시장 운영자이다.

모든 상품을 제공하는 시장가격 결정 회원은 씨티은행 NA, 골드만삭스 인터내셔널, HSBC은행 PLC, JP 모건체이스은행, UBS AG, 모건스탠리 & Co 인터내셔널 PLC이다. 일부 상품만 제공하는 5개 회사는 BNP 파리바Paribas, ICBC, 메릴린치 인터내셔널, 스탠다드차타드은행, 토론토 도미니언은행이다.

현물: 실물 시장에서 거래 시점의 가격으로 거래하는 것을 의미하며, 일반적으로 거래일로부터 영업일 기준 2일 후에 배송된다.

선물: 두 당사자가 미래 날짜에 금을 사고파는 데 동의하는 거래(일반적으로 1개월, 3개월, 6개월, 12개월의 기간을 두고 실제 거래 시점을 정한다.)로, 선물 계약은 스와프 계약에서 중요하다.

옵션: 거래 당사자들 간에 사전 합의된 날짜까지 미리 결정된 가격으로 금을 사거나 팔 수 있는 권리를 부여하지만, 의무는 부여하지 않는 거래이다. 옵션에 대한 프리미엄은 판매자가 구매자로부터 받는 보상이다. 일반적으로 매수할 수 있는 권리를 '콜옵션', 매도할 수 있는 권리를 '풋옵션'이라고 한다.

시장가격 결정 회원은 다른 시장가격 결정 회원의 가격 요청에 신속하게 응답하고, 현재 시장 상황에 맞춰 서로 가격 견적을 제공하며, 런던 금시장 영업 시간 동안 서비스를 제공해야 한다. 이 시간은 오전 8시부터 오후 5시까지이며, 뉴욕 시장이 문을 닫는 날에는 오후 런던 금 시세 고시 시각까지이다.

시장가격 결정 회원이 제시할 수 있는 상품의 최대 수량은 다음과 같다. 금의 경우, 현물은 5,000온스, 선물은 3개월까지 10만 온스, 3개월에서 1년까지 5만 온스, 옵션은 1주에서 1년까지 5만 온스이다. 은의 경우, 현물은 10만온스, 선물은 3개월까지 100만 온스, 3개월에서 1년까지 50만 온스, 옵션은 1주에서 1년까지 100만 온스이다.

적격표준관리

런던금시장협회의 적격표준관리Good Delivery는 시장에서 취급하는 금괴와 은괴의 물리적 특성을 담고 있다. 런던금시장협회에서 거래되는 금은 런던에 실물로 보관 및 결제되는 로코 런던 계약을 따른다. 또한, 거래자들은 적격표준관리에 의해 국제적으로 규정된 표준을 충족하는 금괴와 은괴만 거래할 수 있다. 현재 런던금시장협회는 금과 은에 대한 적격표준관리 목록Good Delivery List5을 관리하고 있다. 따라서 우리나라에서 '금지금 공급 사업자'란, 적격금지금 생산업자(정제 업체), 적격금지금 수입업자, 적격금지금 유통업자를 말한다.

런던 금시장에서는 귀금속 거래소의 개입 없이 당사자 간에 직접 거래가 이루어진다. 적격표준관리에 등록된 바bar는 금의 경우 약 400온스, 은의 경우 약 1,000온스로 거래되며, 정확한 무게, 순도(99.99%)가 실물 외관에 표시가 되어야 한다. 따라서 적격표준관리의 적격생산업자가 생산하지 않은 정련精鍊 금 또는 은 제품은 로코 런던 금시장에서 거래될 수 없다. 적격표준관리업체로 등록하려는 금지금 생산업자는 엄격한 심사를 받아야 한다. 이 심사는 업체 역사, 재정 상태, 생산능력, 최소 생산수준 등을 고려하여 이루어진다. 런던금시장협회의 금 책임Responsible Gold

---

5 런던금시장협회에서 인증된 골드바를 공급하는 우량 정련업체 목록을 의미한다. 2024년 8월 기준 금 65개 업체, 은 80개 업체가 등록되어 있다. 25개 국가에서 엄선한 업체들로 구성되었고, 한국은 1개 회사(LS MnM)가 등록되어 있다.

또는 은 책임Responsible Silver 지침을 준수하며 런던금시장협회 적격표준관리 규칙Good Delivery Rule을 충족시키는 골드바를 공급하고, 골드바를 런던의 승인된 보관기관에 운송해야 한다.

로코 런던은 귀금속 시장이다. 로코 런던에서는 매수자와 매도자 간 직접 거래가 이루어진다. 런던금시장협회는 귀금속 시장에서 중심적 역할을 할 뿐만 아니라, 고객의 요구를 충족시키

런던 금시장을 구성하는 핵심 요소 SUMMARY

1. 결제 시스템
런던금시장협회 결제·청산 및 회원 간의 모든 금괴 거래는 런던 귀금속 결제회사의 전자 결제 방식으로 정산 및 결제된다.

2. 임치(보관) 서비스
런던금시장협회 회원인 6개 보관회사와 영국중앙은행은 금괴를 안전한 금고에 보관하는 서비스를 제공하여 런던 금시장의 문지기 역할을 한다.

3. 적격표준관리
런던금시장협회의 엄격한 기준을 충족하여 적격표준관리업체 목록에 등재된 금괴 정련업체가 생산한 금괴만 런던 금시장에서 거래될 수 있다.

4. 가격과 통계 고시
런던금시장협회의 금·은 가격은 글로벌 벤치마크로 인정받고 있다. 투명성을 위해 매월 금과 은에 대한 금고 보관 및 결제·청산 데이터를 고시하고, 런던금시장협회는 런던 금시장 거래 정보를 시장에 포괄적으로 제공한다.

5. 금지금의 계좌 관리
런던 금시장에서 대부분의 금괴 거래와 결제는 혼합보관계좌Unallocated Accounts를 사용하여 이루어진다. 고객이 특정 바bar의 소유권을 요구할 때는 분리보관계좌Allocated Accounts를 사용한다.

는 거래를 제공한다. 따라서 금괴와 은괴는 국제 장외거래 시장에서 엄격한 표준을 충족해야 하며, 런던금시장협회의 인증을 받은 정련 업체만이 적격표준관리업체 목록에 등재될 수 있다.

적격표준관리업체 목록은 런던금시장협회의 자산이다. 우리나라 금 정련 공급업체 중 여기에 등재된 회사는 LS MnM이 유일하다. LS MnM이 생산하는 금은 99.99%의 순도를 보증한다. 또한, LS MnM은 국제적으로 인정된 도쿄상품거래소에도 등록되어 있다. 2012년에는 일반 소비자용 LS 골드바(1킬로그램, 100그램, 10그램)를 출시했다. LS 골드바는 품질과 신뢰성 면에서 소장 가치가 높아 투자 목적으로 거래될 뿐만 아니라 선물용으로도 큰 인기를 얻고 있다.

금 보관기관

런던 금시장은 세계 최대의 장외거래OTC 금 거래 시장으로, 일평균 거래량이 약 600억 달러에 달한다. 런던 금시장에서 거래되는 실물 금은 보관기관에 맡겨두게 된다. 런던 금시장에서 보관 서비스를 제공하는 보관기관은 HSBC은행, ICBC 스탠다드은행, JP 모건은행이다. 보관기관은 표준 유지 시설을 갖춘 런던금시장협회 청산 회원으로, 시장에 새로 나온 모든 골드바를 물리적으로 점검하고 무게를 측정하여 금속 품질이 적격표준관리 기준을 충족하는지 확인한다. 보안·운송 회사는 브링스Brinks, 말카 아미트Malca Amit, 루미스 인터내셔널 UKLoomis International UK 3곳이며, 이들 역시 런던금시장협회 회원이다.

런던 금시장의 금 보관 서비스에 보관 중인 금의 양은 2024년 4월 말 기준 8,552톤(금괴 약 684,132개)이며, 그 가치는 약 6,343억 달러이다. 이는 2020년 5월 이후 가장 낮은 수치이다. 2023년 말 기준으로는 9,878.8톤을 보유하고 있으며, 이는 2016년 대비 15.5% 증가한 수치다. 2024년 4월 말 기준, 은은 25,470톤(은괴 849,007개)으로 218억 달러어치가 보관되어 있다. 바Bar의 표준은 금이 12.5킬로그램이고, 은은 30킬로그램이다.

영국중앙은행도 금 보관 서비스를 제공하고 있으며, 세계에서 두 번째로 큰 금 보관기관이다. 런던금시장협회 회원들은 영국중앙은행에 금 보관 계좌를 보유하고 있다. 또한, 한국은행은 영국중앙은행에 실물 금 104.4톤을 보관하고 있다.

한편, 로코 런던에 있는 금의 실물 이동에 수반되는 문제점(안전, 비용 문제 등)을 최소화할 수 있는 효과적인 서류상 인수·인도 시스템이 필요한데, 이러한 시스템은 런던 금시장의 중심부인 런던금결제소가 제공한다. 2024년 8월 기준 런던 금 결제소의 6개 금 예치 은행Clearer은 HSBC은행 PLC, JP 모건체이스은행, N.A. UBS AG, ICBC 스탠다드은행 PLC, 노바스코샤은행The Bank of NovaScotia, BNP 파리바Paribas S.A.로 구성되어 있다.

런던 금시장이 요구하는 금의 국제표준규격은 다음과 같다. 무게는 최소 규격이 350온스(약 10.9킬로그램), 최대 규격이 430온스(약 13.4킬로그램)이다. 골드바의 무게는 온스로 표시하되, 우수리 없이 0.025의 배수로 표시해야 한다. 순도는 최소 995/1000 이다. 또한, 각각의 골드바에 일련번호, 정제 회사의 시금평가 스탬프, 순도, 제조연도 등을 각인하거나 골드바의 일련번호 및 순도 표시를 시금 평가서에 첨부해야 한다.

런던은 세계 금 거래의 중심지로서 금괴와 은괴의 거래를 주도하고 있다. 런던금시장협회는 시장의 규제를 담당하며, 적격 표준관리를 통해 금괴의 품질과 신뢰성을 보장한다. 런던은 국제 금시장의 표준을 설정하고 있으며, 앞으로도 중요한 역할을 할 것이다.

뉴욕 금시장

프랭클린 루스벨트^{Franklin Roosevelt}대통령은 1933년 3월 6일 처음
으로 달러화를 평가절하함으로써 최악의 경제불황을 극복했다.
그는 뉴딜^{New Deal} 정책으로 미국 경제의 새로운 시대를 열었고, 이
때 달러화의 금평가_{金平價}를 온스당 20.67달러로 정하면서 금의 수
출, 거래, 보유를 금지하고 금태환을 정지시켰다. 금에 관한 금지
법_{禁止法}이 통과되어, 덩어리 형태의 금괴를 일반 시민이 소유하
지 못하게 되었다.

1934년 1월에는 금평가를 온스당 35달러로 정하면서 금태환
을 재개하였으며, 이후 금 가격은 약 38년 동안 유지되었다. 달
러화 위기가 오랫동안 내재돼 있었지만, 미국 정부는 금평가 변
경에 대한 모든 요구에 반대하였다. 이러한 입장은 IMF 체제가
성립되며 금이 폐화되었음에도 1971년 리처드 닉슨^{Richard Nixon} 대
통령이 달러화 평가절하에 동의할 때까지 확고히 유지되었다.
그 후 미국은 통화제도에서 금을 배제하는 데 목적을 둔 국제적
활동을 시작하였다. 그 결과로, 금의 개인소유에 대한 금지 법안
을 유지해야 할 이유가 없어졌으므로, 1974년 8월에 취임한 제

럴드 포드Gerald Ford 대통령이 그해 12월 31일자로 미국에서 자유 금시장을 복구시키는 법안에 서명하였다.

금 보유법 폐지로 민간의 금 수요 증가가 기대되었다. 그러나 정부는 금 가격 상승을 억제하는 데 힘을 쏟았고 결국은 목적을 달성하였다. 1975년 1월 6일, 미국 재무성은 준비금 중 200만 온스의 금을 경매하였고, 6개월 뒤 5십만 온스를 추가 경매하였다. 이러한 정부 노력의 결과로 1978년까지 미국의 대형 은행들은 모두 금 사업에 참여하지 않았다.

처음으로 미국에서 금에 관한 제한 조치를 해제했을 때, 수요가 폭발하여 금 가격이 온스당 200달러까지 폭등할 것이라는 예측이 있었다. 하지만 아무런 파동도 일어나지 않았고, 금 가격이 온스당 185달러로 일시적으로 올랐을 뿐이다. 결국 1년 반 뒤 금 가격은 점차 후퇴하여 온스당 100달러로 떨어졌고, 오랫동안 은silver, 백금platinum, 팔라듐palladium 같은 금속 선물상품先物商品을 취급해 온 뉴욕과 시카고의 선물시장은 금에 대한 선물계약서를 작성할 기회를 얻게 되었다.

뉴욕상업거래소NYMEX 및 국제통화시장IMM6, 시카고상품거래소CME는 재빨리 주도권을 잡고 미국의 금 선물시장을 장악하였다. 미국 선물시장은 선물환거래先物換去來에서 투자자가 연계매매連繫賣買를 할 수 있도록 유동성을 부여함으로써 국제경제에서 중요한 기능을 수행한다. 실제 상품에 관하여 생산자나 중간상中間商

---

6 시카고상품거래소의 통화 및 금융 선물계약을 전문으로 하는 시장.

이 가격위험으로부터 스스로를 보호하도록 투자자의 관점에서 연계매매를 준비하는 것이다.

미국의 주도적 금 선물시장인 뉴욕선물거래소는 1933년 금 속, 고무, 원견原絹, 생가죽 등 4가지 상품으로 특정지어지는 소규 모 선물교환소로 설립되었다. 1977년 이후 뉴욕선물거래소는 세 계무역센터World Trade Center의 상품교환센터Commodity Exchange Center 에 자리 잡았다. 뉴욕선물거래소의 거래는 거래소 출입 허가를 받 은 중개인에 의해 이루어진다. 중개인들은 선물 위탁 상인, 고객 의 대리인 혹은 자가自家 딜러나 위탁매매업자로 구성되었다.

'로컬local'이라 불리는 입회거래자入會去來者들이 거래소의 한 자리를 개별적으로 사들여, 매일 변동하는 가격과 이윤을 주시 하면서 거래하는 것이 선물거래소의 특징이다. 물론 거래소의 모든 비즈니스 형태, 즉 거래단위, 등급, 거래 기간, 입찰가격, 매 일의 상승과 하락의 제한 가격, 필요 이윤, 유동성 등에 관해서는 거래소장이 정한 규칙을 준수해야 한다.

선물시장의 업무는 유럽보다 더 엄격하기 때문에 필요한 투자 금을 예치해야 하는데, 고객이 중개인의 요청에 즉시 응하지 않 으면 유동적으로 운영될 수도 있다. 이는 고객이 경고를 받지 않 는 한 유효하다. 이는 시장의 가격 변동에 대처하기 위하여 증거 금 예치를 늦추는 것으로, 약간의 위험성이 따른다. 예를 들어, 선물 가격이 전일 영업 종가終價 기준으로 허용 범위 내에서 오르 내려도 구매자와 매도자가 모두 없을 경우 시장은 마비된다. 이런 경우 고객은 매일 가격 변동이 제한되어 있는 현금 혹은 현물 시장으로 주문을 옮기기도 한다. 이때 시장 참여자들도 계약 금액이 즉시 지급되지 않는 한 주문을 옮길 수밖에 없다.

　1980년대 초, 뉴욕선물거래소의 일일 거래량은 약 310톤이었고, 계약 건수로는 십만 건 이상이었다. 2022년 평균 거래량은 675톤(391억 달러)에 이르렀다. 이는 수치상 국제통화시장 IMM의 거래량에 이른 것이다. 한편, 뉴욕선물거래소에 참여한 거래자들은 유럽의 전문 딜러들에게 단순히 구매한 물건을 즉시 되팔아서 차액을 버는 중재목적仲裁目的에 매력을 느끼고 거래하기도 했다. 이는 유럽 시장의 당일 연계매매를 고무했다.

　미국의 금 선물시장은 투기의 성격을 띠는 선물거래에 복합적 성격을 부여했다. 하지만 이로 인해 취리히, 런던, 홍콩의 실물시장實物市場과 거래형태를 분명히 구분하기 어렵게 되었다. 1980년대 초 은銀 거래와 같이, 미국 선물시장의 투기는 때때로 너무 과열되어 마비되기도 했다. 이런 경우, 거래당국은 일시적으로 거래를 중단하는 과감한 제재를 선택하기도 했다.

　이런 사태가 발생했을 때, 많은 시장 참여자들이 민감하게 반응하여 유럽의 전통적 현물시장으로 거래의 노선을 변경하기도 했다. 따라서, 1974년 위험 관리를 위해 정부 감독기관인 선물환거래위원회CFTC7가 설립되었다. 선물환거래위원회의 임무는 부

7　미국 상품거래위원회(Commodity Future Trading Commission)라고도 한다.

당행위 및 가격조작을 방지하여, 엄격한 감독규정을 적용하여 거래의 위험 부담을 최소화하는 것이었다. 특히, 중개인은 고객의 정보, 거래의 내용 및 거래량 등의 정보를 정확하게 보고할 의무를 부여받았다.

뉴욕의 금 선물거래는 유럽의 실물 시장과 유사한 특성이 있었다. 도매상wholesale dealer들은 제조업자(금 수요자)들의 필요를 충족시킬 수 있었으며, 딜러들도 자신의 개별적 매매 및 투자 자금을 조달할 수 있었다. 제2차 세계대전 이후 끊임없는 달러화의 가치 하락에 시달린 미국 투자가들은 뉴욕선물거래소를 통해 금에 관한 무력함을 극복하였다. 뉴욕선물거래소는 1970년대 이후, 남아프리카공화국의 투자용 금화 크루거랜드Krugerrand같은 작고 다양한 형태의 실물 금 수요를 충족시킬 수 있었다.

뉴욕 실물 금시장의 딜러들은 유럽처럼 금융기관의 금괴 딜러bullion dealer들이 아니라 전문상품專門商品 딜러[8]들이었다. 유럽 금융기관 금괴 딜러들은 대량 생산업자들이 채굴한 금을 전통적인 런던이나 취리히 금시장에 공급하고 있었다. 세계 최대 런던 금 장외거래OTC는 영국 금융행위감독청FCA: Financial Conduct Authority이나 유럽연합은행 규제청의 규제 아래 현물 금을 주로 취급한다. 이전까지 방관적 자세를 취하던 미국의 주요 은행들은 금시장

---

8 특정상품(금, 은, 원유, 광물 등)을 전문적으로 거래하는 딜러로 파생상품, 현물, 선물을 투자 목적으로 계약한다.

에서 활발히 활동할 기회를 얻게 되었다. 금의 활용이 전통적인 투자 형태로 변화하여, 일반인들에게 많은 인기를 얻고 있었기 때문이다.

뉴욕선물거래소는 세계 최대 금 선물시장으로 금괴, 주화, 광산주 투자에 대한 대안을 금 상품으로 제시함으로써 글로벌 가격 형성과 포트폴리오 다각화의 기회를 제공한다. 또한, 금 가격은 정치·경제적 사건에 빠르게 반응하기 때문에 지속적인 거래 기회를 제공해야 하는데, 뉴욕선물거래소의 장점은 항상 충분한 유동성을 보장한다는 것이다. 뉴욕선물거래소는 매일 약 2,700만 온스(2024년 9월 기준)에 달하는 금을 선물계약으로 거래한다.

CME 그룹 변동성 지수CVOL: CME Volatility Index는 유동성이 큰 선물 옵션에서 파생된 국제 벤치마크 지수이다. 이 지수는 30일 내재 변동성을 측정하는 강력한 척도이자 가격 변동성을 예측하는 중요한 도구로 활용된다. 이를 통해 금에 대한 위험 및 기대치를 예측할 수 있다. 뉴욕선물거래소에서 금 선물은 하루 약 2,700만 온스가 거래되는 반면, 대표적인 상장지수펀드 'SPDR Gold Shares'는 하루 약 80만 온스가 거래되고 있다. 상장지수펀드는 매일 관리수수료가 부과되지만, 골드 코인 선물거래는 관리수수료가 없다. 그리고 24시간 운영되기 때문에, 중요한 이벤트가 전개될 때도 기다리지 않고 거래할 수 있다는 장점이 있다.

금 상장지수펀드는 대규모 자본 소득세가 적용되는 자산으로 취급되는 반면, 골드 코인 선물의 경우 60%는 장기 자본소득으로 분류되고 40%는 단기 자본소득으로 분류되기 때문에 자본소득세 산출 시 상대적으로 유리하다. 한편, 상장지수펀드 보유 금을 실물 금으로 상환하는 것은 복잡할 수 있으며, 특정 투자자에게는 제한될 수 있다. 또한 상장지수펀드는 50% 이상의 마진과 관리 수수료를 부담할 수도 있다.

지금까지 살펴본 바와 같이, 뉴욕은 세계 금융 중심지 중 하나로, 금 거래에 있어서도 중요한 위치를 차지하고 있다. 뉴욕선물거래소는 금 선물거래의 주요 플랫폼으로, 투자자들이 금 가격

세계 15대 금 담보부 상장지수펀드

(2024년 8월 기준)

펀드	국가	규모(백만 달러)	보유 금(톤)
SPDR Gold Shares	미국	69,693	862.5
iShares Gold Trust	미국	29,633	366.7
SPDR Gold MiniShares Trust	미국	8,710	107.8
Sprott Physical Gold Trust	미국	8,102	100.3
Invesco Physical Gold ETC	영국	17,241	213.4
iShares Physical Gold ETC	영국	16,668	206.3
Xetra-Gold	독일	14,302	177.0
abrdn Gold ETF Trust	미국	3,507	43.4
Sprott Physical Gold & silver Trust	캐나다	3,347	41.4
ZXB Gold ETF +	스위스	5,302	65.6
Xtrackers IE Physical Gold	독일	5,206	64.4
Wisdomtree Physical Gold	영국	5,010	62.0
Amundi Physical Gold	프랑스	4,952	61.3
Huaan Yifu Gold ETF	중국	3,315	41.0
Japan Physical Gold ETF	일본	3,046	38.0
합계	-	198,034	2451.1
기타	-	59,292	730.6
전 세계 합계(155개)	-	257,326	3,181.7

주: 지역별 상장지수펀드 보유 금: 북미 1,607.7톤, 유럽 1,327.2톤, 아시아 184.2톤, 기타 62.7톤 / 2023년 12월 말 기준 전세계 보유 금 총합: 3,225.6톤
출처: World Gold Council, 〈Gold ETFs, holdings and flows〉, 2024.9.12.
　　　https://www.gold.org/goldhub/data/gold-etfs-holdings-and-flows

변동에 대비할 수 있는 도구를 제공한다. 뉴욕 금시장은 미국 경제와 정책의 영향을 많이 받으며, 연방준비제도의 금리 정책, 달러 가치 등의 요소가 금 가격에 큰 영향을 미친다.

상하이 금시장

상하이금거래소

중국은 금 소비국일 뿐만 아니라 세계 최대의 금 생산국이자 최대의 금 수입국이다. 또한, 상하이금거래소SGE: Shanghai Gold Exchange를 통해 세계 최대 규모의 실물 금 거래 허브를 유치하고 있다. 중국 국민들은 금이 이윤을 남길 수 있는 재화라는 사실을 알고 있으며, 정부도 적극적으로 장려하기 때문에 금을 저축한다. 중국 정부는 국민이 보유하는 민간 금과 중앙은행이 보유하는 금 보유고를 늘려 국내에 가능한 한 많은 금을 축적하고자 하는 장기적인 목표를 가지고 있다.

상하이금거래소는 중국 국무원의 승인을 받은 후 인민은행PBOC의 감독 아래 2002년 10월 설립되었다. 또한, 상하이국제금거래소SGEI: Shanghai Gold Exchange International는 2014년 9월에 설립되었다.

상하이국제금거래소는 상하이자유무역지대SHFTZ: Shanghai Pilot Free Trade Zone에 등록되어 있으며 상하이금거래소가 전액 출자한 자회사이다. 개인 및 외국 기관은 자금이체계좌Fund Transfer Account 시스템을 기반으로 중국 귀금속 시장에 접근할 수 있다. 상하이국제금거래소는 국제 시장 개발, 국제 회원 관리 및 역외 투자자 서비스를 담당하며, 은 · 백금의 거래, 청산, 배송 및 보관 서비스를 제공한다. 또한, 장외거래 시장에서 매수자와 매도자의 호가를 합치시키는 매칭 프로그램을 제공하며, 전자 플랫폼에서 쌍방 거래가치를 확인하고 청산하는 일을 담당한다. 거래 상품에는 현물거래, 연불延拂거래, 선물환, 스와프swap, 옵션, 리스 등이 있다.

상하이국제금거래소는 국내 회원과 국제 회원의 두 가지 유형으로 구성된 회원 기반 조직이다. 국내 회원에는 금융회원, 일반회원, 정회원, 특별회원이 포함된다. 국내 회원권은 양도할 수 있다. 국제 회원은 A형 정회원, B형 정회원, 특별회원으로 나뉜다. 국제 회원권은 양도는 불가능하지만, 철회는 가능하며 탈퇴 시 거래소가 회원에게 회비를 환급해 준다.

중국은 금이 새로운 국제통화체제에서 핵심 역할을 맡게 될 경우를 대비하여, 국내에 충분한 금 재고를 유지하도록 관리하고 있다. 현재 중국 내 민간 은행과 중앙은행이 보유하고 있는 금은 약 5,000톤에 달한다. 중국 정부는 다각적인 노력으로 금 보유량을 크게 늘려왔다. 중국은 인민은행의 수입량과 국내 채굴량을 늘려 전체 금 보유량을 증가시켰다. 2007년부터 중국은 호주를 제치고 세계 최대의 금 생산국이 되었다. 2015년까지 중국은 연간 1,500톤 이상의 금을 수입했는데, 대부분 서양에서 수입하였다. 2001년 중국인민은행의 공식 금 보유량은 400톤에 불과하였지만, 2024년 7월 말 기준 2,264톤으로 6배 가까이 증가하였다. 서양에서 중국으로 대량의 실물 금이 유입됨으로써, 금 가격 결정에 대한 영향력이 상하이 금시장으로 이동하게 되었다. 금을 화폐화하고 중국 위안화를 국제화하려는 것이 중국의 장기적인 전략이다.

상하이국제금거래소에서는 국제 금 투자자를 위해 특별히 고안된 다수의 실물 금 계약(상품)이 상장 및 거래된다. 이러한 상품은 실물 금으로 인도되는 금 계약이며, 상하이국제금거래소는 실물 금을 인증 및 등록된 보관소에 보관한다. 인증 금고는 상하이자유무역지대에 있으며, 중국 국내 금시장에 서비스를 제공하는 상하이금거래소의 금 보관 네트워크를 이용하기도 한다.

중국 금시장은 아직 완전히 자유화되지 않았기 때문에, 일반적으로 금 수출이 금지되어 있다. 따라서, 국제적으로 거래되는 금은 중국 국내 금시장에서 유통되는 금과 분리되어야 한다. 자유무역지대는 관세 없이 상품을 수입, 저장, 가공 및 재수출할 수 있는 지정된 지역이다. 자유무역지대는 해외처럼 여겨지기 때문에, 상하이국제금거래소 금고에 있는 금은 자유무역지대로 자유롭게 수입하고 수출할 수 있다.

그러나 해외 회원이나 고객이 상하이금거래소의 상품을 거래할 때는 금이 중국 국내 시장에 있어야 한다. 해외 회원·고객은 상하이금거래소의 금고에서 금을 인출할 수 없다. 마찬가지로, 상하이금거래소의 국내 회원·고객은 국제 금 계약을 거래할 수는 있으나 실물 금을 인출할 수는 없다. 인출을 위해서는 인민은행의 허가를 받아야 한다.

상하이국제금거래소와 상하이금거래소는 별도의 법인이지만, 둘 다 중국의 국익을 위해 운영된다. 상하이국제금거래소의 임무는 국제 금시장 개발과 회원 관리, 해외 투자자 서비스 제공이다. 또한, 국제 회원을 늘리고 그들을 상하이금거래소로 유입시켜 국내외 계약을 거래하게 유도한다. 상하이금거래소에서의 거래를 통해 역외 위안화 및 기타 교환 가능한 통화를 국내로 유입하려는 목표도 가진다. 또한, 거래소의 거래량 및 유동성을 개선하여 2016년 위안화 기반 금 가격 고정 시스템[9]을 도입하여 거래소 거래를 강화하였다.

상하이 금 경매는 2015년 4월 시작되었다. 중국은 위안화의 국제화를 촉진하기 위해 상하이를 금 수출 센터로 강화하고, 궁극적으로 상하이를 아시아 최고의 금 수출 센터로 만들려는 목표를 가지고 있다.

중국 통화인 위안화는 역내 위안화CNY: Chinese Yuan와 역외 위안화CNH: Chinese Yuan in Hong Kong 두 가지로 나뉜다. 역내 위안화는 중국 국내 시장에서 거래되며, 인민은행은 매일 위안화 기준 환율

---

9 위안화 기반 금 가격 고정 시스템(RMB Gold Fixing System)은 상하이 금 거래소가 2016년 도입한 위안화 기준 금 가격 고시 제도를 의미한다. 전통적으로 달러화 기준으로 거래되던 금 가격을 중국의 법정 통화인 위안화(CNY)로 표시하여 거래할 수 있도록 했다. 이렇게 고시된 금 가격은 국제 금시장에서 금 가격의 변동성을 관리하는 도구로 사용되며, 중국 내 금 거래의 주요한 기준점이 된다.

을 설정하고 필요시 개입을 통해 변동 폭을 2%대 이내로 통제하는 것을 목표로 하고 있다.

역외 위안화는 홍콩, 싱가포르, 런던 등의 금융 허브에서 거래되며, 비교적 규제가 적고 자본이동이 자유로워 외화로 환전이 가능하다. 인민은행은 때때로 역외 위안화 환율에 개입하여 영향을 미치기도 한다. 역내 위안화와 역외 위안화는 동일한 통화의 서로 다른 버전이다. 역내 위안화의 환율은 정부가 정하고, 역외 위안화의 환율은 시장의 움직임에 따라 변동한다는 차이점이 있다.

상하이국제금거래소와 상하이금거래소의 상품은 모두 역내 및 역외 위안화를 사용하여 거래할 수 있다. 따라서 상하이국제금거래소 출범 이후 역내 위안화 시장과 역외 위안화 시장 간의 연결을 제공해 왔다.

상하이국제금거래소에는 3가지 실물 금 상품이 등록되어 있다. 'iAu99.5'는 순도 99.5% 이상인 12.5킬로그램 금괴, 'iAu-99.99'는 순도 99.99% 이상인 1킬로그램 금괴, 'iAu100g'는 순도 99.99% 이상인 100그램 금괴이다. 각 상품에는 상하이금거래소에서 거래되는 유사한 이름의 계약과 구별하기 위해 'i' 접두사를 붙인다. 3개 상품 모두 위안화로 표시되며 역내 또는 역외 위안화를 사용하여 거래할 수 있다.

상하이금거래소는 거래가 끝나면 단순히 증서나 권리를 부여하기만 하는 것이 아니라, 금을 직접 인도해 주기도 한다. 이런 면에서 런던 금 결제소London Bullion Clearing와 같은 정산 시스템을 거치지 않고 금의 인도 과정을 중앙 집중식으로 관리하여 효율

적인 금 인도 시스템을 구축하고 있다. 따라서, 런던 장외거래 금
시장 또는 뉴욕선물거래소 금시장과 달리 상하이금거래소는 실
물 금이 직접 오가는 시장이다. 상하이금거래소에서 실물 금 인
도 시, 거래가 실시간으로 체결되고 거래 체결 당일 또는 다음날
바로 결제가 이루어진다. 또한, 실물 금 인도를 요청하면 일반적
으로 1~2일 내에 수령할 수 있으며 거래 수수료가 상대적으로
낮다는 장점이 있다. 따라서 런던 장외거래나 뉴욕 선물거래에
비해 실물 금 인도가 용이하다.

　상하이금거래소와는 대조적으로, 런던 장외거래 금시장에서
이루어진 거래의 대부분은 분리보관계좌가 아닌 혼합보관계좌
에 금이 있는 것으로 표시된다. 이는 금괴 보관 기관에 대해 부분
적인 청구권을 가지고 있는 것이다.

　상하이금거래소는 상하이자유무역지대 안에 인증된 실물 금
보관기관으로 중국 은행인 교통은행Bank of Communication을 지정하
였다. 상하이국제금거래소 금고는 국제 회원과 일반 고객의 귀
금속 보유를 위한 실물 금 금고 서비스를 제공하고, 실제 금괴 거

래와 관련하여 거래소에 물리적 배송 서비스를 제공한다.

상하이국제금거래소는 금고 안팎의 물리적 금 보관과 이동, 그리고 자유무역지대에서의 금 수입 및 수출을 다루는 구체적인 규칙과 지침에 따라 운영하고 있다. 상하이국제금거래소의 모든 해외 회원 및 고객은 지정된 7개 결제은행[10] 중 한 곳에서 자금이체계좌를 개설하여 정산 계정으로 사용해야 한다. 자금이체계좌 시스템은 중국 중앙은행이 감독하는 상하이자유무역지대에서 사용되는 역외 위안화 및 외화 계좌 시스템이다.

상하이선물거래소

상하이선물거래소Shanghai Futures Exchange는 실물 경제에 공헌하기 위하여 중국 증권감독관리위원회CSRC의 규제 아래 개방성, 공정성, 성실성 원칙에 따라 1999년 12월 승인받은 선물거래소이다.

또한, 상하이선물거래소는 증권감독관리위원회의 승인을 받아 관련 기관과 공동으로 자회사인 국제에너지선물거래소INE를 설립하였다. 2013년 11월 상하이자유무역지대에 등록된 국제에너지선물거래소는 선물, 옵션 및 기타 파생상품의 상장, 청산, 결제 및 인도 업무를 맡고 있다. 상하이선물거래소의 자회사에는 거래소부동산관리회사, 상하이미래정보기술회사, 상하이선물·

---

10 중국은행, 교통은행, 공상은행, 중국건설은행, 중국농업은행, 중국초상은행, 상하이푸둥개발은행.

파생상품연구소 등도 있다.

2008년 1월 9일, 상하이선물거래소에 금 선물계약이 상장되었다. 상하이선물거래소에서는 20개의 선물계약 상품과 6개의 상품 옵션을 거래할 수 있다. 계약 규모는 로트^{lot} 당 1,000그램이고, 배송 단위는 정수배整數倍 기준을 적용한다. 순도중량Fine Weight[11]은 3,000그램이다. 또한, 상하이선물거래소는 런던금시장협회와 상하이선물거래소의 인증을 받은 공급업체 또는 정제업체에서 생산된 표준 순금 금괴(순도 99.95% 이상)만 취급한다.

금의 함량은 감산법[12]으로 계산한다. 거래 가능한 금괴의 총중량은 1,000그램(순도 99.99% 이상) 또는 3,000그램(순도 99.95% 이상)이어야 한다. 3,000그램 금괴의 순도중량 허용 오차는 ±50그램이어야 하고, 1,000그램 잉곳ingot[13]의 총중량은 1,000그램 이상이어야 하며 초과분은 계산되지 않는다.

송장에 기록되는 금은 동일한 업체에서 생산되고 지정 등급·

---

11 금의 무게를 재는 방법은 두 가지이다. 저울에 금을 올렸을 때 측정되는 무게는 '총중량'이고, 총중량에 순도를 곱하여 산출된 값을 '순도중량'이라고 한다. 순도중량은 골드바, 금화, 금괴 등에 함유된 금의 무게이다.

12 순도 기준은 순수 금의 중량 = 총중량 × 순도/24로 계산할 수 있다. 예를 들어, 18K 금은 전체 중량 대비 금 함유량이 75%인 금이므로 100그램의 18K 금에 포함된 금은 75그램이다. 금 함량 감산법은 순도를 활용하여 금제품에 포함된 순금의 양을 계산하는 방법이다. 일반적인 감산법의 공식은 '순금의 양 = 전체 금속의 양 × 순도(비율) - 가공 손실'이다. 예를 들어, 100그램 금의 순도가 80%일 때 금의 양은 80그램이고 가공과정에서 2그램의 금이 손실될 것이 예상된다면 순금의 양은 78그램이다.

13 금속이나 합금을 녹인 뒤 주형(鑄型)에 넣어 굳힌 것. 금 잉곳(gold ingot)은 순도 99.5% 이상의 금괴를 뜻하며, 1온스부터 400온스까지 다양한 규격이 있다.

등록 상표·품질 등급을 충족한 금괴여야 하며, 금괴들의 모양은 모두 같아야 한다. 또한, 보증의 기초가 되는 금은 상하이선물거래소가 승인하거나 인정하는 등록 브랜드의 것이어야 하며 품질인증서가 첨부되어야 한다. 상하이선물거래소의 품질인증서에는 인증서를 발행한 공인 기관이나 제련소의 정보, 금의 순도, 무게, 크기, 제조일자 등 상품 세부사항 제품의 고유코드 또는 일련번호, 금을 생산한 제련소 또는 제조사 정보, 인증서 발행 날짜 등이 포함되어 있다. 등록 브랜드와 할증·할인 기준은 상하이선물거래소가 별도로 정하여 고시한다.

지금까지 살펴본 바와 같이, 상하이는 중국의 금융 중심지이며, 상하이금거래소는 아시아에서 가장 큰 금 거래소 중 하나이다. 상하이금거래소는 금 현물 거래를 중심으로 운영되고, 중국 내 금 생산자와 소비자를 연결하는 중요한 역할을 한다. 중국 정부의 금 보유 확대와 개인 투자자의 금 수요 증가로 상하이 금시장은 더욱 성장할 전망이다. 또한, 중국의 경제 성장과 함께 금에 대한 수요가 지속적으로 증가할 것으로 예상된다.

상하이선물거래소는 금 선물 계약을 제공하여 투자자들이 금 가격 변동에 대비할 수 있는 수단을 제공한다. 상하이 선물 금시장은 높은 유동성과 거래량으로 주목받고 있으며, 이는 국제적인 금 가격에도 영향을 미친다. 중국 정부의 금융시장 개방 정책과 함께 상하이 선물 금시장은 더욱 발전할 전망이다. 이는 투자자들에게 더욱 다양한 투자 기회를 제공할 것이다.

취리히 금시장

스위스 금시장 개요

스위스에서 금에 관한 법과 규정은 그 범위를 세 가지로 나눌 수 있고, 각각의 법규는 특별한 면을 지니고 있다. 첫째는 통화 형태에 관한 법, 둘째는 금의 민간 수매를 보호하기 위한 위임 규정, 셋째는 국가 회계상의 세입 원천을 만드는 세금 관계 규정이다. 금시장에 대한 정부의 보호는 통화적 특성이 있는 금이 시장을 형성함에 따라 취해진 것이다. 미국의 경우, 1974년 말 금시장 자유화가 법규를 발전시키는 데 중요한 의의를 지니고 있다.

대부분의 주요 국가들은 금의 민간 유통을 금지하는 조치를 여러 차례 종합적으로 시도하였다. 이는 국내 민간 시장이 다소 위축되더라도 금의 대외적 거래cross-frontier dealing 및 투매를 정부 통제하에 두고자 하는 목적이었다. 보석, 장식물 등을 제외하고는 일반 시민이 금을 개별 소유하는 것을 금지하고, 국외 거래는 국가의 독자적 특권으로 정한 것이다. 이에 따라, 일반인들은 더 많은 금 공급을 원하게 되었으며, 국내 금 가격에 프리미엄이 붙고 금의 밀수가 성행하게 되었다.

스위스의 경우, 국내외에서 언제나 마음대로 금을 사고팔 수 있었다. 2차 세계대전 당시 일시적으로 취해진 제한 조치가 단 하나의 예외였다. 스위스에서 금의 통화 기능에 관한 법은 두 가지로 구분된다. 1953년 12월 23일 공포된 스위스 국립은행법The Swiss National Bank Act과 1970년 12월 18일 공포된 연방주조화폐법 The Federal Coinage Act이다.

연방주조화폐법 제2장에는 스위스 프랑화에 대한 금평가를 정하는 권한을 정부에 위임하였음이 명시되어 있으며, 제10장에는 유통되는 스위스 금화 위조범 처벌에 관한 권한이 명시되어 있다. 그리고 금이 폐화되어 본위화폐로서의 유통이 중단되었을 때도 금에 관한 규정은 변동 사항 없이 그대로 남아 있었다.

1978년 국립은행법이 개정될 때 연방주조화폐법은 국립은행법에 많은 권한을 양도하였다. 스위스 국립은행법 제19장에는 국립은행이 금 유통분 대비 최소 40% 이상을 금화 혹은 금괴로 준비하여야 한다고 되어 있다. 이는 스위스 정부가 최소한의 금을 항상 보유해야 한다는 것을 명시한 것이다. 제22장에서는 은행이 금대가金代價 수표를 발행할 수 있도록 하였고, 발행된 수표를 다시 매입할 의무도 부여한다. 즉, 정부가 금값을 통제하기 위해 정한 제한 가격을 낮추더라도 국립은행은 금을 기준으로 하여 스위스 프랑화의 가치를 유지해야 한다. 1954년 6월 29일 금 보상 요구에 정부가 반대하였지만, 이것은 정부가 금평가에 대

한 권한을 사실상 행사하는 것이므로 지속적으로 금을 기준으로
한 체계를 유지하였다고 볼 수 있다.

스위스 국립은행법 제64장에서는 은행도銀行渡 수표와 동일한
법적 지위를 갖고 있는 금 증서gold certificate, 즉 '금 매입 및 매도
수표 혹은 증명서'를 발행할 독단적 권한을 국립은행에 부여하
였다. 이는 국립은행을 제외한 스위스 은행들이 금 증서를 발행
하는 것이 법적으로 금지되어 있음을 의미한다.

여러 국가들은 특정한 위임규정이나 보호법을 제정하여 금의
민간 수매를 보호하고 있다. 스위스도 1933년 6월 20일에 민간
수매를 보호하기 위한 '귀금속 또는 귀금속 생산품의 거래통제
연방법'14을 제정하였다. 이 법은 근본적으로 소비자를 보호하는
데 그 목적을 두고, 표준 이하의 상품으로 금 매입자들을 속이는
것을 방지하기 위해 만들어졌다. 금 매입자들에게 제공되는 금
의 품질을 확인하기 어려우므로, 제련된 모든 형태의 금에 순도
를 표시하는 스탬프를 찍고 제조자 마크를 표시하게 했다. 단, 도
금된 제품에는 이러한 표시를 하지 않아도 되었다.

금 제련업자들은 스위스 베른Bern에 있는 귀금속통제중앙사무
소The Central Office for Precious Metal Control에 등록되어야 한다. 또한,
귀금속의 제련 혹은 징제 분야에 전문적으로 종사하는 자는 제

---

14 The Federal Act of The Control of Trade in Precious Metals and Precious
Metal Products.

런증명서Schmelzbewilligung 혹은 거래증명서Handelsbewilligung를 통한 공식 허가를 받아야만 한다. 용해 생산 및 주조도 마찬가지로 적용된다. 그리고 공식적인 금화는 최소한 순도 89.9% 이상으로 주조되어야만 하며, 국제 시장 기준에 따라 순도, 중량, 생산자 등이 각인되어야 한다는 규정도 있다.

세금에 관한 법을 살펴보면, 금에는 광범위한 관세가 부과되었다. 국가에 따라서 금은 여러 가지 형태의 과세 대상 품목으로 정해져 있으며, 어떤 경우에는 수입 금지나 다름없는 엄청난 고율의 세금을 부과하기도 한다. 이러한 제재를 통해 투자 목적을 위한 금 수입을 불가능하게 만드는 것이다.

유럽공동체EC에서는 금화의 경우 일반적으로 부가가치세Value Added Tax는 적용되지 않지만, 금괴 형태로 국가 간에 금이 이동될 때는 적절한 비율의 부가가치세가 부과되고 있다. 많은 국가에서 법정 화폐로 정해진 주화鑄貨에 특허 관세를 보장한다. 주화의 과세와 비과세 구분이 해석상 어렵다는 문제는 지금까지도 해결되지 않고 있지만, 법정 화폐인 주화에는 계속 특허 관세를 보장해 왔다.

스위스에서 1941년 7월 29일 제정된 판매세법The Sales Tax Act에 따라, 금의 판매는 판매세법의 적용을 받았다. 그리고 1954년 5월 8일 연방 국세청The Federal Department of Finance and Customs에 의해 제정된 판매세법 시행령 제6장에 따라, 순도 89.9% 이상의 골드바·잉곳·플레이트Plate·그레인Grain과 정부 조폐국 주화들은 면세가 적용되었다.

그러나 이 시행령은 1980년 1월 1일 폐지되었고, 금은 특혜법의 혜택을 받지 못하게 되었다. 스위스의 판매세는 원칙적으로 도매상부터 최종 소비자까지 모든 상품 거래에 적용된다. 금에 대한 면세 혜택이 사라짐에 따라, 리히텐슈타인Liechtenstein을 포함하여 스위스 관세가 적용되는 지역 내에 있는 금에 대한 소유권 양도 시 판매세가 부과되게 되었다.

스위스에서는 일시적으로 적용되는 수집금화예치蒐集金貨預置 제도가 있는데, 이 제도는 은행에 금을 보관하게 하는 것을 목적으로 하며, 구매한 금을 은행에 보관하는 대신 면세로 금을 구매할 수 있다. 이러한 방법으로 예치한 금은 면세로 은행에 되팔 수 있다. 만약 스위스 영토 내에 예치한 금을 실물로 처분하고자 한다면 납세 의무가 발생한다. 이 경우 처분 시의 시장가격 기준으로 세금이 부과된다.

취리히 금시장

스위스는 1936년 금본위제도를 도입한 후, 제 2차 세계대전 이후 스위스 프랑이 평가절하될 때까지 폐지하지 않았다. 그러나 제 2차 세계대전이 발발하자, 스위스는 중립국으로서 세계 가지로부터 금 수출입을 요청받았고, 이에 따라 국립은행에서 허가를 받아야 국제적으로 금을 거래할 수 있게 되었다. 따라서 스위스 정부는 통용되는 금괴(당시 1킬로그램당 970프랑)와 금화에 대하여 공식적인 최고가를 설정할 수밖에 없었다. 스위스국립은행은 금의 국내 수요와 은행 자체 보유량이 일치하도록 조정했고, 1942년부터 1946년까지 10억 프랑의 금 매입을 허가받은 딜러들에게 보유한 금을 팔았다.

이는 공식적으로 금시장을 번성케 하였고, 암시장의 성장을 막았다. 전쟁이 끝난 이듬해, 당시 시행중이던 '귀금속 또는 귀금속 생산품의 거래통제 연방법'의 규정을 금시장에 적용하기에는 너무 많은 어려움이 발생하였고, 자유 시장으로의 회복을 서두르지 않으면 안 되었다. 이에 따라 1951년 12월 15일 금 거래의 통제와 최고가격을 정한 규정을 수정하였고, 1952년 4월에 금 거래에 수출입 허가제를 적용했으며, 5월에는 금에 대한 판매세를 면세 조치하였다.

이러한 조치들로 인해, 스위스는 국제 금 거래에서 주도적 역할을 담당하게 되었다. 스위스는 금을 자유로이 현금과 교환할 수 있게 하였고, 금 거래에 요구되는 막대한 자본을 쉽게 조달할 수 있는 금융 제도를 발전시킴으로써 저금리 정책을 펼쳤다. 또한, 효율적인 은행 지원 조직 및 안정적인 정치·경제 환경 등을 갖추게 되면서 자유로운 금시장을 구축하게 되었다.

당시 스위스 최대 은행이었던 스위스은행Swiss Bank Corporation은 금 거래의 잠재성을 인지하고 있었다. 이 은행은 1947년 이후 취리히가 국제 금시장의 중심지로 부상하도록 금 거래 네트워크를 구축하는 데 큰 역할을 했다.

1954년 3월 런던 금시장이 재개될 때까지 금에 대한 스위스 은행들의 영향력은 매우 강했다. 금 가격 결정 과정 중에도 즉각적으로 세계 최대 구매자가 될 수 있었다.

또한, 1950년대 초 남아프리카준비은행South African Reserve Bank의 대리인 자격[15]을 갖고 있던 영국중앙은행이 요구하는 금은 얼마든지 전화 한 통으로 공급할 수 있었다. 스위스 은행들은 금을 금 공급자와 브로커들의 중개로 조달할 수 있었기 때문이었다. 스위스는 중립국 지위를 유지하였고 정치적으로도 안정되어 있어 제2차 세계 대전 이후에도 금을 안정적으로 공급받을 수 있었다. 금융비밀주의와 안전한 은행 시스템 덕택에 전쟁 중에도 독일 정권과 금 거래를 할 수 있었다.

그러나 제2차 세계대전이 끝난 뒤 1954년 3월, 런던 금시장이 활성화되어 국제 금시장의 도매상 역할을 차지하게 되자 취리히 금시장은 소매상 위치로 밀려나게 되었다. 스위스의 전문 금 거래자들은 원칙적인 거래만 하였고, 금 거래 포지션을 유지하기 위한 계약서만 발행했다.

1968년 취리히 골드풀Zurich Gold Pool은 최초부터 어떠한 성문

---

15 영국중앙은행은 1920년대부터 남아공중앙은행의 대리인 역할을 시작했다. 남아프리카공화국에서는 17세기 중엽부터 백인우월주의에 기반하여 비(非)백인을 차별해 왔다. 이러한 인종차별정책은 1948년에 '아파르트헤이트'로 이름 붙여졌고, 거주지 분리, 권리 박탈, 경제적 차별 등을 행하여 국제 사회에서 비난을 받았다. 또한, 경제적 제재와 스포츠 문화 보이콧 등으로 인해 외교적 고립 상태가 되었다. 이 시기 남아공중앙은행은 스위스 은행들에게도 대리인 역할을 부여하여 금을 스위스로 원활하게 공급하였다.

법령^{成文法令}에 기초를 두지 않고 비공식적 신사협정으로 성립된 것으로, 공동관리 위원들이 시장에서 수요와 공급에 알맞도록 금 시가를 결정하는 메커니즘을 만들었다. 취리히 골드풀 자체는 금을 보유하지 않았으나, 위원 은행들이 보유 금을 인출하여 시장의 과잉 수요에 대한 가격을 조정하고, 과잉 공급의 경우에는 반대 과정을 통해 시장에서 수요와 공급을 조절하였다. 또한, 풀의 회원들은 시장의 수요와 공급에 큰 영향을 미치지 않는 범위 내에서 독자적으로 시장에 개입하기도 하였다.

1968년 취리히 골드풀은 남아프리카공화국과 성공적인 금 공급 계약을 맺었고, 새로 채광된 금을 직접 공급받을 수 있었다. 이때부터 취리히는 금시장으로서 자율성이 보장되었다. 이후 남아프리카공화국이 전통적 채널인 런던에 금 공급을 재개했지만, 취리히 골드풀을 통해 새로운 생산품의 상당량을 계속해서 시장에 공급하였다. 또한, 취리히는 러시아 금 판매의 중요한 판로가 되었다. 주요 생산국들과의 관계 덕택에 취리히 골드풀은 취리히 시장에서 최대 오퍼레이터^{operator}가 되었다.

다른 스위스 은행들이나 금융기관들의 시장 참여는 막지 못했다 해도, 취리히 골드풀은 공식적 체제와 강압 없이 실용적 선에서 금시장을 매우 잘 운용하였다. 취리히는 국제적인 금시장 업무를 원활히 수행했고, 세계 금시장의 모델이 될 수 있었다.

취리히 시장의 거래 표준 단위는 런던 금시장의 분류에 의거하여 확인된 국제표준규격이고, 런던에서처럼 금의 인도·지급은 거래영업일 내에 이루어져 왔다. 가격은 보통 미 달러화로 표시되고, 요청이 있으면 취리히의 당일 환율에 의거하여 스위스 프랑 혹은 다른 통화로 표시되기도 했다.

1980년 취리히 골드풀에 의하여 정해진 가격은 풀 위원들의 입찰가격이 되었고, 시장의 모든 딜러에게 기준 가격으로 이용되었다. 이 가격은 매입 및 매도를 위한 표준 가격으로, 온스당 미화 2달러 혹은 킬로그램당 200스위스프랑이 적용되었으며 시장 조건이 유연하거나 불안정하다면 가격이 상승하기도 했다.

취리히는 본래 런던처럼 실물 금 위주의 시장이었다. 그러나 점차 거래 과정이 간소화되면서 실물 금의 이동 없이 거래자 명의로 금을 은행에 예치하게 되었다. 취리히에서는 금의 선물거래도 이루어진다. 즉, 계약에 프리미엄을 포함한 현재의 시장가격이 정해지면 미래의 약속한 날짜에 인도와 지급이 이루어지는 거래가 가능한 것이다.

취리히 금시장과 전통적인 런던 금시장은 엄격한 의미에서 선매 혹은 선물시장이 아니었다. 선매시장이란, 선매 가격에 프리미엄을 포함하는 시장으로, 여기서 프리미엄이란 단순 금 매매를 위한 금융이자를 의미한다. 계약 결정 이후 실제 인도 및 지급시점까지의 기간에 붙는 이자를 말하는 것이다. 취리히 금 선물시장에서 프리미엄은 계약 금액 및 확정기일에 대한 유로 시장 Euro market 이율로 산출되고 있다.

스위스의 금시장은 시계 제조 등 귀금속 산업과 함께 발달했다. 1930년대 스위스는 프랑스 금시장에 금화를 공급하는 주요 공급자로 활약했다. 제 2차 세계대전이 발발하여 1939년 런던의 금시장이 폐장되자 스위스의 금시장도 함께 쇠퇴하기 시작했다. 그러나 1968년 런던의 금시장이 일시적으로 폐쇄되었을 때 남아프리카공화국과 러시아에서 생산된 금이 스위스에서 거래되면서 강력한 힘을 갖게 되었다.

1970년대 스위스를 통해 판매된 금은 전 세계 공급량의 75%를 넘어섰다. 1980년대 들어 금 가격이 급등하면서 스위스는 상대적으로 금값이 싼 중동 지역의 금을 재매입했다. 1981년 초 이탈리아의 귀금속 제조업체들이 시장에 대거 진입하면서 스위스의 금 현물시장은 활황을 띠기 시작했다.

그러나 1980년대 스위스로 들어오는 금에 5.6%의 판매세를 부과하면서 스위스의 금시장은 큰 타격을 입게 되었다. 스위스 은행들은 세금 부담을 덜기 위해 귀금속 계좌를 개설해 주기 시작했고, 귀금속 계좌 개설은 소액 투자자들 사이에서 큰 인기를 끌며 금시장에 활기를 불어넣었다. 이에, 스위스는 21세기에도 런던 금시장과 함께 세계 2대 금시장으로 남아 있다.

1990년대 후반 세계 금융시장은 빠른 속도로 글로벌 시장이 되어 가고 있었다. 은행들은 경쟁력을 갖추기 위해, 더 큰 규모의 자산과 글로벌 네트워크를 갖추어야 했다. 이에 따라 은행들은 비용 절감, 효율성 제고 및 시장 점유율 확대에 초점을 두고 합병을 원했다. 1998년 스위스은행Swiss Bank Corporation과 스위스연방은행Union Bank of Switzerland의 합병이 이루어졌다. 합병 후 탄생한 은행이 'UBS AG'이다. 2023년 UBS는 크레디트 스위스Credit Suisse를 인수·합병하였다. 부실 금융으로 어려움을 겪고 있는 크레디트 스위스를 스위스 정부의 중재로 구제한 것이다.

UBS와 크레디트 스위스는 UBS 그룹에 속해 있다. UBS는 2023년 연차 보고서에 2020년부터 2023년까지 전 세계적으로 순자산이 500만 달러 이상인 개인들이 증여·상속해 줄 금액이 18조 달러이고, 그중 미국이 60%를 차지한다고 발표하였다. UBS는 전 세계 고객을 상대로 고객 유치에 박차를 가하고 있다. 증여·상속 자산에는 개인예금뿐만 아니라 금 또한 포함되어 있다.

지금까지 살펴본 바와 같이, 스위스 취리히는 유럽의 전통적인 금 거래 중심지이며 특히 안전자산으로서의 금 수요가 많은 곳이다. 또한, 스위스는 금 정제와 거래의 중요한 허브이다. 스위스 프랑의 안정성과 스위스 은행 시스템의 신뢰성이 금시장에 긍정적인 영향을 미치고 있으며, 국제 금 거래의 상당 부분이 취리히 금시장을 통해 이루어진다.

기타 금시장

인도 금시장

인도 뭄바이에는 복합상품거래소^{Multi Commodity Exchange}가 있다. 복합상품거래소는 상품의 온라인 거래를 촉진하고, 가격관리 및 위험관리를 위한 플랫폼을 제공하는 최첨단 거래소이다. 복합상품거래소는 2003년 11월 개설되었고 인도증권거래위원회^{SEBI}[16] 의 규제 체계에 따라 운영된다.

복합상품거래소는 금괴, 금속, 에너지 및 농산물을 포함한 다양한 부문에 걸쳐 일반·파생상품 계약을 취급하며, 상품 옵션과 금괴, 비금속 및 에너지 지수에 대한 선물계약을 도입한 인도 최초의 거래소이다. 2024년 3월 31일 기준 인도 전역의 약 687개 도시와 마을에 등록 회원 547명과 일반회원 3만 6,312명을 두고 전국적으로 광범위한 활동을 펼치고 있으며, 인도에서 약 96%의 시장 점유율을 차지하고 있다. 복합상품거래소에서는 금속 지수

---

[16] Securities and Exchange Board of India.

MCX METLDEX, 금괴 지수MCX BULLDEX, 에너지 지수MCX ENRGDEX 등 3개의 부문별 지수 외에 종합 지수와 8개의 단일 상품 지수를 관리하고 있다. 또한 은, 알루미늄, 구리, 납, 아연, 원유 및 천연가스 지수도 관리한다.

복합상품거래소가 전액 출자한 자회사인 복합상품교환결제사 MCXCCL17는 인도의 일반상품 및 파생상품 시장의 최초 청산 회사이다. 청산 회사는 거래소에서 실행되는 거래의 청산 및 결제와 함께 담보 및 위험 관리 서비스를 제공한다. 최첨단 위험 관리 시스템을 갖춘 복합상품교환결제사는 복합상품거래소의 거래 플랫폼에서 실행되는 모든 거래를 관리한다. 또한 웹 기반 상품 영수증 정보 시스템18을 통해 거래된 복합상품의 전자 회계 시스템 및 영수증 추적 시스템을 제공한다. 또한 결제보증기금Settlement Guarantee Fund을 통해 복합상품거래소에서 실행되는 모든 거래의 결제를 보증하고 있다.

복합상품거래소는 국제 상품 생태계와의 원활한 통합을 목표로 시카고거래소 그룹CME Group, 런던금속거래소LME 등 선도적인 국제 거래소와 전략적 제휴를 구축하였다. 또한 중국 다롄상품거래소DCE, 대만선물거래소TAIFEX, 정저우상품거래소ZCE, 자카르타선물거래소JFX 및 유럽에너지거래소EEE 등과 정보 및 전문 지식을 공유하고, 교육 및 훈련 분야에서 협력하고 있다.

---

17 Multi Commodity Exchange Clearing Corporation Limited.
18 Commodity Receipts Information System.

복합상품거래소는 방글라데시 치타공증권거래소^{CSE: Chittagong} Stock Exchange에서 방글라데시 최초로 일반상품 및 파생상품 플랫폼을 구축하기 위하여 컨설팅 프로젝트를 진행하였다. 또한, 효과적인 연구 및 제품 개발, 정보 및 기술의 지능적인 사용, 혁신적 사고, 리더십 발휘 및 윤리적인 사업 수행을 통해 지속적으로 기준을 국제적인 수준으로 높여 왔다. 복합상품거래소는 ISO 표준인 'ISO 9001: 2015 품질관리시스템', 'ISO 14001: 2015 환경관리시스템' 및 'ISO/IEC 27001: 2013 정보보안관리시스템' 인증을 받았다.

복합상품거래소는 금, 미니 금, 기니 금화, 꽃잎 금^{gold petal}을 취급한다. 금은 1킬로그램, 미니 금은 100그램, 기니 금화는 8그램, 꽃잎 금은 1그램 단위로 거래한다. 인도 복합상품거래소의 거래량은 2023년 기준 일일 평균 944,674.70렉[19]이며, 금액으로 환산하면 약 944억 루피(한화 약 1조 6,000억 원)이다.

꽃잎 금은 수천 년 동안 통화로 사용되었을 뿐만 아니라 상품 및 투자용으로 거래되었다. 또한, 미적으로 높은 평가를 받아왔으며 인도의 복합상품거래소에서 거래되는 독특한 선물계약이다. 기니 금화는 1663년부터 1814년까지 영국에서 주조된 동전으로, 기니 하나당 약 0.25온스의 금이 포함되어 있었다. 기니 금화의 명칭은 동전을 만드는 데 사용된 금이 대부분 서아프리

---

19 '렉(Lakh)'이란, 10만 루피를 나타내는 단위이다. 인도, 파키스탄, 방글라데시 등에서 사용한다.

카 기니에서 생산되어 붙여진 이름이다. 기니는 기계로 주조된 최초의 영국 금화였으며, 처음 발행되었을 때의 가치는 1기니 = 20실링이었다. 금 가격이 상승하면서 기니의 가치는 최대 30실링으로 평가되기도 했으나, 1717년부터 1816년까지 공식적인 가치는 21실링으로 고정되었다.

인도는 세계 최대 금 소비국 중 하나로, 전통적으로 금에 대한 수요가 매우 높다. 인도는 결혼식, 축제 등에서 금을 중요한 자산으로 여기는 문화적 특성이 있으므로 금 수요가 꾸준히 유지될 것으로 보인다. 또한 인도의 경제 성장과 중산층 증가가 금시장의 확장을 촉진할 것이다.

두바이 금시장

두바이Dubai 족장의 영토는 1950년대 페르시아만Persian Gulf의 남단 지역에서 주목받은 곳이었다. 두바이는 당시 7개 독립군주국獨立君主國의 하나로 영국과 특별한 조약을 맺고 있었다. 영국은 인도의 금 수요가 늘어나자 두바이에 불법적인 금이 수입되도록 유도했다. 당시 인도 구매자들은 세계 금 가격의 2배 이상을 지불하고 금을 구매했으므로, 돈벌이를 위한 밀수입이 성행했다. 항구의 무역상과 뱃사람들이 많은 지역 특성으로 인해 두바이는 이상적인 금 공급 기지가 되었다. 특히 두바이 무역상들은 과거 인도네시아까지 전통적인 아랍 연해 무역용 범선을 이용하여 항해하였고 이러한 두바이 상인들의 역사는 전설로 남기도 했다.

1960년대 두바이는 취리히, 런던, 베이루트로부터 580톤 상당의 금을 수입했다. 1968년에는 금 거래의 절정기를 맞이했고 수입한 금들은 대부분 인도 대륙으로 판매되었다. 당시 두바이의 금 수입 물량은 유럽 금 생산품의 약 42%에 해당하는 양이었다.

그러나 1971년 말 인도·파키스탄 전쟁 이후, 인디라 간디Indira Gandi 정부에 의해 밀수는 엄중히 단속되었고 불법 수입 금이 점차 줄어들었다. 이때부터 중동 지역에서는 '블랙 골드Black Gold'라 불리는 석유 시대가 시작되었고, 두바이 무역상들은 위험부담이 덜한 돈벌이로 업종을 전환하였다.

두바이는 금뿐만 아니라 기타 다양한 상품의 실물 거래를 위한 국제적 허브였기 때문에, 두바이 금 및 상품거래소DGCX: Dubai Gold & Commodities Exchange(이하 두바이거래소)의 설립은 중동 지역에서 두바이 경제가 국제적으로 발전하는 과정에 속했다.

두바이거래소는 2005년 11월 지역 최초의 파생상품 거래소로 운영을 시작하였으며, 오늘날 중동 지역의 선도적인 거래소가 되었다. 두바이거래소는 두바이 정부의 전략적인 두바이종합상품센터DMCC의 자회사로, 실물 금 매매시장, 상품 시장, 무역의 흐름을 향상시키는 임무를 맡아, 풍부한 경험과 전문 지식을 제공하는 인력으로 구성되어 있다.

두바이거래소의 다양한 선물계약은 생산자, 제조업체, 최종 사용자 등 실물 상품시장 참여자에게 가격위험을 분산할 정교한 수단을 제공한다. 거래소가 생기기 전에는 중동 지역 생산자들이 가격위험을 관리할 수 없었다. 두바이거래소는 시장을 국제적인 수준으로 성장시키기 위해 전 세계 금융 커뮤니티 및 투자 기관에 거래 기회를 제공한다.

두바이거래소는 100% 지분을 보유한 두바이상품청산소^{DCCC:} Dubai Commodities Clearing Corporation를 통해 결제를 보장하며 거래 위험을 낮추었다. 두바이상품청산소는 아랍에미리트^{UAE} 국내에서 거래와 청산淸算이 이루어지는 이점이 있으며, 거래에 따른 지방세 및 규제 완화, 수수료 구조 개선 등 편의를 제공한다. 두바이 거래소는 두바이의 국제적 유동성 한도를 늘리는 한편, 강력한 위험자산 관리 · 감시 시스템을 구축하였다. 증권 및 상품 관리국 SCA: Securities & Commodities Authority의 감독을 받고 있으며, 거래시간 은 두바이 시각 기준 7시부터 23시 55분까지다.

아랍에미리트는 유럽과 동아시아 사이 이상적인 시간선에 위치하여 국제 거래에 이점을 가지며, 두바이거래소는 귀금속, 비금속, 에너지 및 통화 부문의 다양한 제품을 제공한다. 두바이에 있는 전통 시장인 '두바이 골드 수크Gold SouK'는 보석 및 금제품을 판매한다. 두바이 다이아몬드 상품 센터 또한 유명한 귀금속 거래소이다. 또한, 두바이의 금시장은 부가가치세가 부과되지 않아 국제 거래자들에게 매력적이다.

홍콩 금시장

동아시아는 예로부터 광범위한 금의 보고寶庫이다. 특히 홍콩은 상업과 금융의 중심지이며, 주변 지역에 대한 금 공급에 있어 이상적인 집산시장集産市場이다.

1945년 영국은 4년 동안 일본의 지배하에 있던 홍콩을 다시 식민 통치하게 되었고, 1947년에는 금의 수출입에 대한 금지령을 발동시켰다. 그러나 영국 정부는 홍콩에서 마카오Macao로 운송하기 위해 수입되는 금에 대해서는 허가를 보장하였다. 대부분의 수입 허가는 영국 회사들에게 주어졌고, 영연방 특혜 비행운임飛行運貨이 적용되었기 때문에 홍콩과 마카오의 금 운송은 런던 중개상의 독점 영역으로 남아 있었다.

항공편으로 홍콩에 들어온 금은 모두 보트를 이용하여 마카오로 옮겨졌지만, 이후 홍콩으로 다시 유입됐다. 일부는 테일 바tael bar(금을 양兩 단위의 무게로 표시한 금괴) 형태로 마카오 현지 시장에 공급되기도 하였다.

1904년 이래 홍콩 금시장은 홍콩금은교환소Chinese Gold and Silver Exchange Society에 의하여 운영됐고, 거래는 공개 경매를 통한 경쟁 입찰로 진행되었다. 거래단위는 테일 바로, 중국의 전통적인 상거래 관례를 따랐고 계약은 홍콩 달러로 이루어졌다.

거래는 현장 혹은 선매기준先賣基準으로 처리되었는데, 이러한 선매계약은 홍콩 특유의 독특한 계약 제도로 확정 기일 없이 맺어졌다. 이자율은 환율에 의해 매일 계산되고 이자는 계약 금액에 포함된다. 이자는 금 공급이 부족할 때 인도를 원치 않는 매도자가 부담하는 '공급자 부담 이자negative interest'와 금 공급이 충분할 때 수령을 원치 않는 구매자가 부담하는 '수혜자 부담 이자positive interest'가 있다.

1974년 1월 1일, 홍콩이 영화권英貨圈(영국 화폐 사용 지역)이었을 때 금의 수출입 제한 조치가 폐지되었고, 이는 홍콩이 하나의 국제 금시장으로 출발하였음을 의미한다. 1974년은 미국에서 민간인에게 금의 개인소유를 금지하는 법안이 폐지된 해이기도 하다. 홍콩은 미국 거래 폐장과 런던·취리히 거래 개장의 시차를 교묘히 이용하였다. 이에 따라, 취리히·런던·뉴욕·프랑크푸르트의 유력한 금괴 딜러들이 홍콩에 지점 혹은 방계 회사를 설립하였다. 1974년 1월 6일 스위스은행이 귀금속 회사인 메토 프레씨외 동아시아 유한회사Metaux Precieux(Far East) Ltd.를 홍콩에 개설하면서 식민지에 자가 금 소유 방계 회사를 설립한 첫 은행이 되었다.

홍콩은 홍콩금은교환소의 전통적인 거래 방식에 따라 외국 거래자와 직접 거래하는 것을 금지했으나, 점차 제한이 완화되어 시장 형성이 촉진되었다. 시차 덕택에 취리히와 런던의 금 딜러들은 유럽 금시장이 개장하기 전에 동아시아의 거래자들과 거래할 수 있다. 유럽이 이른 아침일 때 홍콩은 오후 시간대이기 때문이다. 역으로 홍콩의 딜러들은 뉴욕의 마감 매매가를 이용하고 있다.

홍콩금은교환소는 상하이-홍콩 금 연결 프로그램을 통해서 국가 간 금 거래를 활성화하고 있다. 2023년 기준 홍콩금은교환소에서의 일일 평균 금 거래량은 약 800억 홍콩 달러(약 2억 3,000만 달러)에 달한다. 특히, 2011년부터 역외 위안화로 금을 거래하는 시스템이 도입되어 홍콩은 위안화 기반 금 거래 허브가 되었다.

홍콩은 아시아의 금융 허브로서, 중국 본토와의 근접성 덕분에 중요한 금시장으로 자리 잡았다. 홍콩은 중국의 금 수요 증가에 따라 더욱 중요해지고 있으며, 아시아 금시장의 선두 주자로서의 역할을 강화하고 있다. 중국 경제의 성장과 중산층의 자산 축적은 홍콩 금시장의 발전을 더욱 촉진할 것이다.

그 밖의 금시장

1970년대, 세계 주요 금시장인 런던, 취리히, 홍콩, 뉴욕 외에도 여러 부수적인 금시장이 활동했다.

대표적인 곳은 항구도시인 모로코의 탕헤르Tánger와 레바논공화국의 베이루트Beirut이다. 탕헤르는 자유금융법에 따라 금 거래에 아무런 제약이 없었으며, 제2차 세계대전 이후 주도적인 국제 중계무역의 중심지가 되었다. 탕헤르는 짧은 기간 동안 번성한 반면, 베이루트는 한동안 취리히와 런던 다음으로 규모가 큰 금 분배 중심지가 되었다. 베이루트에서 활동한 레바논 딜러들은 동아시아 지역까지 활동 무대를 넓히기도 했다. 그러나 1975년 레바논 내전의 발발로 베이루트는 금융 중심지로서의 역할이 급격히 축소되었다.

부에노스아이레스Buenos Aires는 제 2차 세계대전 이후 20년 동안 남아메리카의 금 거래 중심지였으나, 이후 정부의 제한 조치로 국제 시장과 관계가 단절되면서 그 지위를 상실했다. 하지만 1979년 9월, 외국과의 금 유통을 금지한 장벽이 제거되어 다시 중요한 금시장으로 성장하고 있다.

일본은 1973년 제한 조치가 해제된 이후 동아시아에서 산업용 금의 중요한 시장으로 부상해 왔다. 전문 딜러들이 처음 금시장을 형성할 당시에는 투자 목적의 금 수요가 초기 단계였기 때문에 구매자들의 관심을 끌지 못했다. 또한, 금 가격에 변동성이 없었기 때문에 투자 기회를 제공하지 못했다.

그러나 1990년대 들어 도쿄상품거래소TOCOM: Tokyo Commodity Exchange의 선물 및 옵션의 활성화로 금 선물거래는 매우 활발하게 이루어졌다. 도쿄상품거래소는 산업용 금을 거래하는 시장으로도 중요한 위치를 차지했다.

일본거래소JPX: Japan Exchange Group는 2013년 도쿄증권거래소TSE와 오사카증권거래소OSE의 합병으로 설립되었다. 2020년 7월 도쿄상품거래소는 일본거래소에 흡수 합병되었고 독립된 거래소로서의 기능을 멈추었지만, 합병된 후 일본거래소의 상품부문에서 '일본상품거래소Japan Commoditly Exchange'라는 이름으로 거래를 계속하고 있다.

동아시아에서 또 하나의 중요한 금시장은 싱가포르이다. 싱가포르는 말레이시아, 태국, 인도네시아 등에 금을 공급할 수 있는 지리적 이점이 있다. 또한, 1978년 금 선물시장이 운영되기 시작하면서 희망이 있는 시장으로 평가받았다. 1984년, 싱가포르 정부와 금융업계의 협력으로 싱가포르국제통화거래소SIMEX: Singapore International Monetary Exchange가 설립되었다. 이는 싱가포르를 아시아 금융허브로 만들기 위한 주요한 전략이었다.

1993년 설립된 싱가포르금거래소Gold Exchange of Singapore는 금 현물 거래를 중심으로 운영되다가, 점차 다양한 금 관련 상품을 거래하는 시장으로 발전했다. 싱가포르금거래소는 아시아에서 처음으로 선물거래를 시작한 싱가포르국제통화거래소와 더불어 아시아 금시장의 성장을 견인하게 되었다. 1999년에는 싱가포르국제통화거래소가 싱가포르주식거래소Stock Exchange of Singapore와 합병하여 싱가포르거래소SGX: Singapore Exchange가 탄생하였다. SGX는 공개상장기업으로 주식과 파생상품 거래를 통합 관한다. 싱가포르금거래소는 낮은 세금, 투명성, 안정적인 규제 환경을 기반으로 금 보관 서비스, 금 ETF 등 다양한 금 관련 상품을 제공하여 국제 금 투자가들로부터 주목받고 있다.

호주는 1850년대 초반 뉴사우스웨일스와 빅토리아 주에서 대규모 금광이 발견되면서 골드러시가 시작되었다. 특히 20세기 초 서호주 칼굴리Kalgoorlie 지역에서 금광이 개발되면서 호주는 전 세계 금시장에서 중요한 위치를 차지하게 되었다. 1960년 시드니

선물거래소^{SFE: Sydney Futures Exchange}가 금 선물을 시작하면서 금 거래가 세계 시장과 연결되었다. 1998년 설립된 호주증권거래소^{ASX: Australian Securities Exchange}는 2006년 시드니선물거래소와 합병하였고, 호주의 금 선물 및 파생상품 거래를 관리하였다. 호주의 금은 주로 중국, 인도, 싱가포르 등 아시아 국가들로 수출되었고, 호주는 태평양을 경유한 금 거래 허브로 발전하게 되었다. 1899년 설립된 퍼스 민트^{Perth Mint}는 호주의 금 정제회사로 금화와 금괴를 생산하는 주요 기관(서호주 정부 공공기관)이 되었다. 호주의 금시장은 호주의 대규모 금광에서 생산한 금괴를 수출하여 국제적인 금 거래 플랫폼으로서 지속 성장하고 있다.

파리는 언제나 유럽에서 중요한 금시장이었다. 프랑스인들 사이에서는 금의 매점[20]이 전통적으로 인기를 끌었다. 드 골^{De Gaulle} 시대까지는 그렇지 않았지만, 1970년대 석유파동으로 민간 재정이 악화되자 일시적으로 금의 매점이 줄어들었다. 프랑스 정부는 수출입 제한 조치를 완화하여 파리의 국제 금시장의 지위 회복을 시도했다. 그러나 민간 부문의 투자·소비에도 어려움이 생겼고, 정부 재정도 악화되어 지위 회복은 불가능하게 되었다. 파리

---

20 금 매점(gold hoarding, 買占)은 금을 대량으로 구매하여 보유하는 것으로, 금 매점이 많아지면 금 공급이 부족해지고 금값이 상승한다. 금 퇴장(gold dumping)은 금을 대량으로 시장에 파는 현상으로, 금 퇴장이 많으면 금 공급이 증가하고 금값은 하락한다. 퇴장금(dead storage gold; dormant gold reserves)은 유통되지 않고 저장되어 있는 금을 말한다.

금시장은 전통적으로 중요한 시장이었으나 현재는 국내 거래에 한정된 시장이 되었다. 18세기 후반에 설립된 파리증권거래소 Bourse de Paris는 2000년 암스테르담증권거래소, 브뤼셀증권거래소와 합병하여 유로넥스트Euro next가 되었다. 현재 프랑스의 금 ETF·파생상품은 유로넥스트를 통하여 거래된다.

유럽 금시장의 부차적 역할을 하는 벨기에 브뤼셀은 1879년 부터 1960년까지 벨기에령 콩고Belgian Congo였던 콩고민주공화국으로부터 온 금의 분배 장소로서의 역할을 맡고 있었다. 또한, 벨기에의 앤트워프는 중세 이후부터 현재까지 다이아몬드 거래로 유명한 도시이다.

또한, 독일 연방은 1950년대부터 1970년대까지 산업 분야와 매점·투자 분야 금에 대한 강력한 소비시장을 형성했다. 독일 금시장은 규모가 크지는 않지만 시장이 안정적이며, 다수의 대형 은행들이 국제 금 거래에서 활발한 활동을 하고 있다.

끝으로, 필리핀은 상당량의 금을 직접 광산에서 생산하고 있으므로 향후 마닐라는 금 거래 중심지로 발전할 가능성이 크다.

4부

우리나라
금의 역사와
금시장

우리나라 금의 역사

구석기 시대에는 우리나라에서 금을 사용한 흔적이 없고, 기원 전 8~7세기경에 청동기가 사용되면서부터 금으로 된 용기容器들 이 사용되었다고 한다. 우리나라에서는 기원전부터 금을 애용하 였다. 고구려 유리왕 때 상으로 황금을 내렸다는 기록이 있으며, 삼한 시대와 삼국 시대에는 금광업을 통해 금 장식품이나 불상 을 만들었다. 또한, 삼국 시대에는 화려한 금세공 기술이 발달하 기도 했다. 시간이 흘러 문화가 발달함에 따라 장신구와 공예품, 종교적 상징물 제작에 금이 사용되었고 금이 교환 수단으로 여 겨지며 화폐의 역할을 하게 되었다.

고려 시대에는 막대한 양의 금을 중국에 조공으로 보내기도 하였다. 조선 시대 세종世宗 즉위 이전에는 금의 사용을 승지承旨 이상의 고관에게 국한하는 등 사용을 제한하였고, 금의 채굴권 도 군인 또는 관리들이 직영直營하는 등 나라가 직접 금을 관리했 다. 세종 때부터는 민간에 금 채굴권을 위탁하고 전량 관용으로 매입하는 정책이 시행되기도 하였다.

근대 우리나라에 금본위제도가 성립되었다고 보기는 어렵다.

1894년 7월 일본의 요구로 제정된 '신식화폐발행장정'은 은화를 본위화폐로 하고, 동화를 보조화폐로 하는 화폐제도였다. 이때는 은본위제도를 채택했으나, 1901년 2월 '화폐 조례'가 공포되어 금본위제도를 채택하게 되었다. 당시 금 화폐의 순금 양목兩目 2푼分[1]으로 가격의 단위(본위 단위)를 정하고 이를 '환圜'이라 하였으며, 50전錢을 반환半圜으로 부르게 되었다.

강화도 조약 이후 일본 화폐 엔円[2]이 우리나라 시장에 유통되기 시작했다. 국권 피탈 이듬해인 1911년에는 우리나라 본래의 화폐가 없어지고 엔화가 유일한 화폐 단위로 유통되었다.

일제 강점기 금 수탈의 역사

일제 강점기에 금은 착취 대상 1호였다. 금의 대금 결제 기능이 두드러졌기 때문이었다. 그리고 일제는 군수물자 조달을 위해 1937년 조선산금령朝鮮産金令을 공포했다. 이 법에 따라 '산금 5개년 계획'이 수립되었고 계획 마지막 해인 1942년에는 지금地金 75톤 생산을 목표로 활발한 금 증산 정책이 펼쳐졌다. 1941년 12월 태평양 전쟁이 발발하면서 무역과 결제 수단으로서의 금이 필요 없어지자, 그동안 호황을 누려오던 금광업에 대하여 일제는 1942년 산금정비령産金整備令을 공포했다. 이에 따라 금광이 개

---

[1] 1푼 = 1/10돈 = 1/100냥, 1냥 = 1.325온스 = 37.5그램.
[2] 일본의 화폐 단위 '엔'을 나타내는 한자 '円'은 '圓'의 신자체로, 과거에는 '엔'을 '圓'으로 표기하기도 했다.

발 축소 및 제한 조치되었고, 광산시설은 조선광업진흥주식회사朝鮮鑛業振興株式會社에 매각되었다. 당시 조선광업진흥주식회사는 광물 생산 및 매입의 전용 창구였다.

《조선광업의 추세》(1935, 조선광업회)에 발표된 한반도의 금광업 출원 건수는 금광업 5,732건, 사금광업 240건이었다. 광업 출원자는 총 9,447건(일본인 2,950건, 조선인 6,497건)이었다. 1925년 광업 출원자가 972건(일본인 644건, 조선인 328건)이었던 것과 비교하면 금광개발이 폭주하고 있었음을 알 수 있다.

1934년 한 해의 광업 생산액은 6,917만 2,840엔이었고, 1933년 생산액(2,087만 1,372엔) 대비 약 3.3배 증가하였다. 생산자의 국적에 따라 분류하면 일본인 5,265만 6,112엔, 조선인 895만 2,074엔, 외국인 486만 1,334엔이었다. 또한, 금·사금·금은광(혼합 광물)의 생산액 합계는 4,104만 9,739엔으로, 전체 광업 생산액의 59%를 차지했다. 그중 순금 생산액은 3,853만 8,258엔이며 생산량은 1만 2,427킬로그램에 달하였다.

1934년 광물 수출 및 이출移出[3]액 합계는 8,568만 7,312엔이었고 수입은 1억 115만 6,001엔으로 전년 대비 각각 155%, 130%가 증가하였다. 수출 및 이출되는 주요 광물에는 금·은·동·선철·석탄 등이 있었고, 공식적 수출액은 901만 1,219엔, 이출액은 7,667만 6,093엔이었다. 금의 이출액은 3,136만 1,440엔이었다.

---

3 한 나라 안에서 상품을 팔기 위하여 다른 곳으로 화물을 옮기는 것. 외국으로 내보내는 '수출'과 구별하기 위하여 쓰는 말이다. 일제 강점기 때는 우리나라와 일본 간 무역에서 무관세 운송으로 물품이 반출되는 것을 의미했다.

총 생산량에서 이출한 것을 제외한 나머지 717만 6,818엔어치는 조선총독부에서 사용하였다.

1925년부터 1934년까지 10년간 광산업 허가 건수는 4,067건이고, 그중 금광업은 2,565건으로 전체의 63%를 차지하였다. 1934년 광구鑛區 수는 4,354곳이고 광구 면적은 28억 2,100만 평이었다. 여의도의 3,200배, 제주도의 5배 면적인 아주 넓은 땅이 광구로 지정되었다. 금광업 광구는 2,394곳이고 면적은 15억 4,400만 평으로, 여의도의 1,755배, 제주도의 2.7배 넓다. 따라서 일제 강점기 조선은 금광 천지였다고 말할 수밖에 없다.

조선은 금이 많은 땅이다. 삼국 시대에 신라를 '금관의 나라'라고 불렀고, 고려 시대에는 금을 조공으로 바쳤으며, 조선시대에는 왕실 사업으로 금광 소재지를 책에 기록하였다. 주요 금광은 경기도 용인 사금광, 안성 사금광, 충청도 충주군 대소원大召院 사금광, 홍성군 황보黃寶 금산, 청양군 구봉九峯 광산, 전라도 정읍 두승斗升 금산, 순천順天 광산, 광양光陽 광산, 경북 금정金井 광산, 황해도 옹진甕津·수안遂安·물동勿洞 광산, 평안남도 성흥成興 광산, 평안북도 신연新延·삼성三成·운산雲山·대유동大楡洞 광산, 함경남도 신흥新興·학익鶴翼 광산 등이 있었다. 사금은 주로 충청남도 직산稷山, 전북 김제金堤 사금광 등 45개 금광에서 채굴되고 있었다.

일제 강점기 일본은 등록번호, 광산명, 광산 종류, 광구 소재지, 광업권자 등을 철저히 관리했다. 뿐만 아니라, 광산의 현황과 조업 방법 및 설비 현황, 신 광산업 착수 현황, 신 중요 광산 개발, 광부 현황 등도 완벽히 통제하며 금을 수탈했다. 금을 캐는 광부 수는 1934년 6만 8,507명으로 전체 광부 수(9만 5,717명)의 72%를 차지하였다. 이는 1925년(4,994명)에서 13배 증가한 수치이다. 전체 광부 수도 1만 8,746명에서 5.1배가 증가하였다.

1934년 당시 광부의 평균 임금은 일단 63전錢 5리厘(0.635엔)였다. 현재 가치로 환산하면 약 111엔에 불과하다. 그러나 오늘날 일본 광부의 월급은 약 35~40만 엔이다. 우리나라의 광부 월급도 비슷한 수준이다. 월급을 30으로 나누면 일당 약 1만 2,500엔이다. 당시 일당과 비교하면 약 2만 배가 상승하였다. 또한, 당시 일본인 기술공 일당은 평균 5엔이었으므로 임금 격차가 약 790배나 되었다. 이를 바탕으로 계산했을 때 한 해 동안 수탈된 광부 임금은 평균 약 2억 4,000만 엔이고, 20년간 약 48억 엔으로 현재 가치로 환산하면 약 80조 원이다.

1934년은 대공황 시기로 금은 국제정세에 많은 영향을 끼치고 있었다. 1933년 미국 루스벨트 대통령이 금본위제도를 폐지하고 금 소유를 금지하였고 정부가 개인의 금을 강제로 매입하게 하였으므로, 금 가격은 오를 수밖에 없었다. 따라서 일본은 조선에서 신新 금광산업에 본격적으로 착수하였다. 새로운 광산 565개(광구 606곳)를 개발하였고, 그중 금·은·동 광산이 514개로 90%를 차지할 정도였다. 또한, 일본은 목하目下 내규모 광산설비 공사를 통한 사업 확장 계획을 세웠다.

1925년부터 1934년까지 10년간 광업 생산액은 3억 1,971만 7,000엔이며, 그중 금은 1억 3,546만 2,000엔(76.6톤)으로 42%

를 차지하고 있었다. 연간 광업 생산액은 광업개발 초기인 1925년 2,087만 7,000엔에서 1934년 6,917만 3,000엔으로 연평균 약 330% 증가하였고, 금의 경우 608만 8,500엔(4.69톤)에서 3,853만 8,258엔(12.43톤)으로 연평균 약 630% 증가하였다.

1925년부터 1944년까지 20년간 연평균 증가율CAGR4을 적용했을 때, 1943년 기준 광업 생산액은 18억 5,000만 엔, 금 생산액은 12억 7,000만 엔(311톤)으로 추정된다. 또한, 광업 생산액 18억 5,000만 엔의 현재 가치는 32조 엔(원화 약 320조 원)이다.

1945년 조선이 해방되자, 일제가 조선에 쌓아놓은 재산을 미군정美軍政이 모두 몰수하였다. 1948년 미군정이 대한민국 정부에 넘겨준 재산을 귀속재산government-vested property이라고 한다. 미군정은 일제 강점기 당시 일본인들이 조선에서 운영하던 기업과 개인의 재산, 공장 및 광산, 금융 및 상업자산을 평가하였고 그 가치는 23억 달러로 발표되었다. 물가상승률(1947년 미국 소비자변동지수CPI)을 적용하여 2024년 현재 가치로 환산하면 약 322억 달러(원화 약 45조 원)이다.

귀속재산이 있다면 수탈자산도 있다. 인명살상피해, 문화재 약탈, 광산물과 곡물 수탈, 산림피해, 노역 등 수치로 측정할 수 없는 수많은 수탈자산이 있다. 1925년부터 1943년까지 수탈된 금은 약 311톤이다. 이를 2024년 6월 기준 가격(그램당 74.76달러)으로 계산하면 그 가치는 약 232억 달러(한화 약 32조 5,000억 원)이다.

---

4   compound annual growth rate = (최종값/초기값)$1/n^2$-1.

통화 개혁과 금 정책 변동

우리나라의 통화 개혁

조선 후기, 화폐였던 엽전은 무게가 무거워 운반이 불편하여 유통이 어려웠다. 조선 왕실은 1892년 '백동화白銅貨'라는 구리합금 화폐를 발행하여 은본위제를 도입하려 했으나, 경제가 불안정하여 유통이 원활하지 못했고 혼란만 초래하였다.

대한제국(1897~1910년)은 1894년 7월 갑오개혁 때 제정·공포한 '신식화폐발행장정新式貨幣發行章程' 조례를 배경으로 하여 은화를 본위화폐로, 동화를 보조화폐로 하는 화폐제도를 제정하였다. 1901년 2월 '화폐 조례'가 공포되었고, 한국 정부는 이를 통해 금본위제를 시행하고자 했다. 화폐 단위는 '환圜'이었으며 50전錢을 반환半圜으로 불렀다.

1909년 11월에 설립되었던 한국은행은 1910년 경술국치庚戌國恥 이후 조선은행으로 개칭되었고(1911년), '조선 엔'을 발행하였다. '조선 엔'은 한국어로는 '원'이라고 불렸다. 1945년 광복 이후 '조선 엔'은 그대로 쓰이다가 1950년 6월 한국은행이 설립되고 6·25 전쟁이 발발하면서 조선은행권을 회수하고 한국은행권을 발행함으로써 사용이 중지되었다.

정부는 6·25 전쟁으로 인한 악성 인플레이션을 수습하기 위하여 1953년 2월 15일에 제1차 통화 개혁을 단행하게 되었다. 이때, 그동안 써 오던 '원圓'을 버리고 '환圜'을 사용하게 되었다. 이때 원圓과 환의 교환 비율은 100 대 1이었다. 그 후, 1962년 6월 10일에 단행된 제2차 통화 개혁에서 화폐단위 '환'은 '원'[5]으로 바뀌었다. 이때 환과 원의 교환 비율은 10 대 1이었다.

1950년 5월 한국은행법이 제정되었다. 한국은행은 정부가 정하는 모든 금은화金銀貨와 지금은地金銀을 매매 또는 수출입할 수 있도록 하였고, 6·25 전쟁 이후 금에 대한 정부 시책을 체계화했다. 1950년 한미공정환율[6]은 1달러에 1,800원圓이었고, 당시 우리나라 금 생산량은 462킬로그램으로, 1톤도 되지 않았다. 시중 금 가격은 그램당 3,069원圓이었고, 중앙은행이 그램당 2,100원圓에 매입했다.

한국은행에 보관되어 있던 약 1톤의 금괴는 6·25 전쟁 발발로 미국으로 소개疏開되었다. 참고로 1948년 1달러의 가치는 소비자물가지수[CPI] 기반으로 누적 인플레이션 1,200%를 고려하여

---

5 현재(2024년) 한국에서 사용하는 화폐 단위. 한글로만 표기한다.
6 금과 달러화 환율은 매우 밀접한 관계를 맺고 있다. 대외지급수단으로 수출된 금을 '산금불(山金弗)'이라고 부르고, 금 매입 단가는 달러를 기준으로 책정하기 때문이다.

계산하면 2024년 현재 약 12.5달러의 구매력을 갖는다.

6·25 전쟁 중이었던 1951년 11월, 정부는 한미공정환율을 미화 1달러당 1,800원圓에서 6,000원圓으로 약 3.5배 올렸고, 금에 관한 임시조치법을 공포하여 금의 생산과 매매에 관한 정부 시책을 체계화하였다. 그리고 금의 자유 거래 허용을 통하여 금의 증산을 도모하였다. 1952년 1월 휴전회담이 이루어져 전쟁이 끝났고, 그로부터 약 1년 뒤인 1953년 2월 15일, 정부는 통화 개혁을 단행하였다. 100원圓을 1환으로 바꾼 것이다. 따라서 중앙은행이 매입해 오던 금의 가격도 그램당 3,000원圓에서 30환으로 바뀌었고, 중앙은행의 매입금 결제 수단도 우리나라 통화에서 미 달러화로 변경되었다.

1953년 5월 한국은행은 "금 매입 가격 결정 및 한국은행 보유 미 달러화 사용"과 관련된 새로운 결정을 하였다. 한국은행이 매입하는 금은의 가격은 한국은행이 보유하는 미 달러화로 지급할 수 있도록 하였고, 그 가격을 금 1그램당 미화 1.05달러(당시 한화 63환)으로 정하였다..

이어 9월 한국은행은 가격을 금 1그램당 미화 1.12달러로 인상했다. 그리고, 매도賣渡자는 한국은행에 금의 제련비를 1그램당 4.5환씩 지불하도록 하였으며, 금 매각으로 취득한 달러는 수출 외환으로 인정하여 그 절반은 특혜 외환으로 하고 나머지는 구상무역求償貿易에 의한 수입 가능 품목을 수입할 수 있도록 특혜를 부여했다. 또한, 한국은행은 금은 매입에 대한 가격을 결정하며 금 매도자에 대한 미 달러화 매각을 허용했다. 그럼으로써 금 매각 대전代錢으로 미화 매입을 희망하는 자에게는 언제든 한국 은행 보유분에서 공정환율로 미화를 매각할 수 있도록 하였다. 한국은행은 금을 달러로 환산하여 매입하기도 하였다.

이와 같이, 1948년 대한민국 정부 수립 이후 우리나라에서는 1953년 2월 15일과 1962년 6월 10일 두 차례에 걸쳐 긴급통화 개혁緊急通貨改革 및 금융 조치가 단행되었다. 또한, 1950년 8월부터 1953년 1월 사이에는 다섯 차례에 걸쳐 통화정리조치가 실시되었다. 우리나라의 통화 개혁은 호칭가치절하呼稱價値切下와 일부 봉쇄를 병행한 것이었다. 금본위제도에서 화폐단위 평가절하는 금평가를 절하하는 방법인 '법정금평가절하'와, 단순히 화폐의 액면가치를 법정 비율만큼 내리는 '통용가치절하通用價値切下'로 구별된다.

두 차례의 통화 개혁은 인플레이션으로 인하여 팽창된 과잉 통화를 흡수하고 그 이상의 인플레이션 누적을 방지하는 안정 정책이라는 점에서는 공통되나, 화폐단위의 절하율과 봉쇄계정 封鎖計定7의 성질 등에 있어서는 큰 차이를 보였다.

그 차이점으로는 첫째, 제1차 통화 개혁 시에는 신구 화폐의 값 환산 비율이 100 대 1이었으나 제2차 통화 개혁 시에는 값 환산 비율이 10 대 1이었다. 둘째, 봉쇄계정의 내용에 있어서, 제1차 통화 개혁 시에는 구권 및 기존예금에서 자유계정으로 전환된 부분은 제외하고 구권 및 기존예금을 구별하여 기간에 따라

---

7   예금 및 현금의 교환을 봉쇄하는 계정을 뜻한다.

HISTORY

한미공정환율 변천과 통화 개혁

1949년	약 450원(圓) 대 1달러
1950년 6월 15일	1,800원(圓) 대 1달러
1951년 11월 1일	6,000원(圓) 대 1달러
1953년 2월 15일	제 1차 통화 개혁, 100원(圓) = 1환(圜),
	60환 대 1달러,
	금 1그램당 1.05달러(63환)로 매입
1953년 12월 15일	180환 대 1달러
1954년 5월 4일	금 1그램당 1.12달러(854환)로 매입
1955년 8월 15일	500환 대 1달러
1955년 8월 26일	국제통화기금(IMF) 가입
1960년 2월 23일	650환 대 1달러
1961년 1월 1일	1,000환 대 1달러
1961년 2월 2일	1,300환 대 1달러
1962년 6월 10일	제 2차 통화 개혁, 10환 = 1원
1964년 5월 3일	매매 기준율 255원 대 1달러
1965년~	금 매입은 대 고객 매입률을 적용함
1968년~	금 매입은 한은 집중률을 적용함

각각 분류 봉쇄하였다. 하지만, 제 2차 통화 개혁 시에는 구권 및 기존예금에서 자유 계정으로 전환된 부분을 제외하고 구권 및 기존예금의 구별 없이 봉쇄계정으로 전환하였다.

제 1차 통화 개혁은 당시 격심한 인플레이션을 수습하여 경제 기조를 안정시키는 데 있어 그 타당성은 인정되었으나 효과에 있어서는 소기의 성과를 거두지 못하였다. 그러나 제 2차 통화 개혁은 비교적 안정적인 기조를 지속하고 있는 경제 상황에서, 장기 투자재원 조달을 위해 서둘러 감행한 것으로, 그 타당성이 인정되지 못했으며 별다른 성과도 없었다. 오히려 유통 과정의 경색梗塞, 기업 가동률의 저하, 생산의 위축 등 경제 각 부문에 충격을 주었을 뿐만 아니라 통화가치에 대한 불신 초래와 계산 단위 절상 등 심리적 영향으로 물가 상승을 자극하는 요인이 되었다.

국제통화기금 가입과 금 매입정책 변동

한국은행이 1950년부터 1952년까지 산금 집중과 매입 정책으로 형성한 금 가격은 시중 가격과 현저한 차이를 보였다. 1953년 시중 연평균 금 도매가격은 그램당 500환이었고, 당시 한국은행의 금 매입가는 그램당 30환에 불과했다.

전후 불안한 경제 여건으로 밀매와 밀수가 성행하여 산금 집중 및 매입 정책에 큰 차질을 빚게 되었다. 정부는 금 생산 증강을 위하여 1952년 지금은地金銀 사무취급 규정을 제정하고, 산금 3개년 계획(20톤)을 수립하여 산금을 한국은행에 매도하는 자에게는 외화를 대부貸付해 주고 제련비를 삭감해 주는 등 산금 증강과 중앙은행으로의 집중을 꾀하였다. 그러나 이러한 노력에도 불구하고 한국은행의 산금 집중 및 매입 정책은 실효를 거두지 못하였다.

그래서 1954년 11월, 한국은행은 금을 최대한 수집 및 집중시키기 위해 한국은행의 금 매상 가격을 그램당 854환으로 수정하였으며, 금 가격은 재무부 내에 설치된 '금 매상 가격 결정위원회'가 결정하도록 하였다. 따라서 한국은행은 금 매입에 대한 가격 결정 및 매도자에 대한 미 달러화 매각 방침, 그리고 산금 매도자에 대한 외화대부 취급 규정을 폐지하게 되었다.

1955년 8월 26일, 우리나라는 국제통화기금ⁱᴹᶠ에 가입하였다. 1950년에 우리나라가 미국의 연방준비은행에 소개疏開한 지금 106만 9,896그램을 국제통화기금에 출자하면서 가입한 것이다. 당시 우리나라의 경제 사정은 매우 어려웠다. 1955년의 한미공정 환율은 미화 1달러당 500환으로, 1950년과 비교하여 약 30배가 오른 상태였으며 인플레이션으로 금 생산원가가 한국은행의 환圜 화 매상 가격을 웃돌았다.

금 매상도 부진하여 가격을 금 1그램당 미화 1.12달러(당시 한화 560환에 해당)로 정하여 외화매상제外貨買上制로 환원하는 정책을 수립하였다. 산금 외화매상제 실시에 따른 외화매상기금은 한국은행 보유 외화 중 중석불重石弗로 충당하였고, 산금 매입자금은 금 매입 외화기금을 설정하여 충당하였다. 아울러 한국은행은 매상 금 중 일부 필요한 분량을 제외하고 전량 수출하였고, 금 매각을 통해 벌어들인 산금불山金弗에는 수출불과 같은 혜택을 적용했다. 즉, 금 매각자의 매각 대금을 수입 계정에 외화로 이체하고 산금불로 처리함으로써 수출을 통해 이체된 수출불과 동일한 우대를 해 준 것이다. 그리고 금 매각자에게 인기 품목을 수입할 수 있도록 특혜를 주는 등, 산금 집중 및 매입 정책에 온갖 힘을 기울였다.

물론 산금 매상기금은 한국은행이 보유한 중석불로 충당하였다. 1961년 1월 한미 공정환율을 미화 1달러당 1,000환으로 인

상하였고, 곧이어 2월 2일에는 미화 1달러당 1,300환으로 추가 인상하였다. 이 시기는 한미 공정환율을 미화 1달러당 500환에서 650환으로 올렸던 1960년 2월로부터 불과 1년밖에 안 되었을 때였다. 이 시기 우리 경제는 매우 어려웠고, 특히, 외환 제도가 예치집중제에서 전면 매상집중제로 전환됨에 따라, 수출불과 같은 혜택을 받던 산금 매상불의 수입 계정 예치가 허용되지 않아, 다시 한국은행에 매각해야 했다. 결과적으로, 산금 외화매상제가 폐지되고 환화를 대가로 하는 금 매상정책을 다시 실시하게 되었다.

1961년 외국환관리법이 제정되고 재무부 장관은 귀금속을 소유한 자에 대해 한국은행 등에 그 귀금속을 집중하도록 조치하였다. 다음 해인 1962년에는 한국광업제련공사법이 제정됨에 따라 상공부商工部 직할로 있던 삼성광업회사를 한국광업제련공사로 발족시키고 우리나라의 금 생산을 관리·감독할 수 있는 기구로 정했다. 한국광업제련공사는 1971년 민영화되기까지 금 생산을 총괄했다.

이어 외국환관리법 시행령이 제정되고 한국은행법이 개정됨에 따라 한국은행은 재무장관의 인가를 받아 귀금속 매매 업무를 영위할 수 있게 되었다. 또한 재무장관은 한국광업제련공사에서 생산된 금을 내국 통화를 대가로 한국은행에 매각할 수 있게 하였고, 이에 한국은행은 100% 매입을 개시하였다.

1960년대 초기 우리나라의 금 생산 추이를 살펴보면, 1961년에 2.6톤, 1962년 3.3톤, 1963년 2.1톤, 1964년 2.4톤으로 해방 이후 가장 많은 금을 생산하였다. 그리고 1964년 한국은행은 과거 10년 동안의 연간 매입량 대비 가장 많은 금(818킬로그램)을 매입하였다.

　1964년 8월, 우리나라는 더욱 많은 금을 매입하고자 '금 매상 촉진 요강'을 발표하였다. 생산증명 없이도 금을 거래할 수 있도록 하며, 금을 대가로 외환증서 발행을 허용하고, 금 매도자가 산금업자인 경우 금 거래 실적을 일반수출과 동일하게 취급하여 인정하는 것이 주요 내용이었다. 또한, 매광장려금을 지급하고 금 거래자에게 철도운임을 할인해 주며 소득세 및 법인세를 감면하는 등 각종 혜택을 주었다. 1965년 한국은행은 금 매입 가격을 1그램당 1.12달러로 정했고, 외국환 대 고객매입률을 적용하여 원화로 지급하거나 외환증서를 발행하여 주었다.

　1971년 이후 많은 금광이 폐광되고 해외에서 수입되는 각종 광물의 부산물로 금을 얻을 수 있게 되었으며, 수입자유화조치로 국내 금 공급에 어려움이 없게 되자 정부는 금 매상과 관련된 추가적인 조치를 취하지 않게 되었다.

　정부와 한국은행은 대외적으로 관리통화제도를 도입했고, 합리적인 화폐 공급을 목표로 통화의 공급량을 인위적으로 관리 및 통제하였다. 이에 따라, 화폐 공급량은 금 보유량에 의거한 제한을 받지 않았다. 그러나 환율은 크게 올랐다. 1960년 2월 한미 공정환율이 1달러당 650환이었는데, 1964년 5월에는 1달러당 255원으로 대폭 인상되었다. 1962년의 통화 개혁을 고려하면 약 400% 인상된 것이다.

1988년 2월 정부는 금 수입 자유화 조치를 취하였다. 1980년대 금은 주로 암시장에서 거래되었고, 밀수도 성행했다. 이에, 불법 금 거래를 통제하고 시장을 활성화하기 위하여 금의 자유로운 수입을 허용하였다. 이로써 금의 자유 수출입이 가능해지고 시장 자유화에 이를 수 있었다.

IMF 외환위기와 금 모으기 운동

1997년 여름, 동남아시아 국가들을 비롯하여 우리나라에 외환 위기가 밀어닥쳤다. 금융기관들의 부실, 차입 위주의 방만한 경영으로 인한 대기업들의 연쇄 부도, 대외 신인도信認度 하락, 단기 외채 급증 및 우리나라에 대한 외국 금융기관들의 신용 제공 중단 등으로 외환위기를 맞게 되었다. 선진국 금융기관들이 신흥 시장(이머징 마켓emerging market)에 신용 제공을 중단한 것이 원인 이 되었다.

우리나라 정부는 모라토리엄moratorium(채무상환유예)을 선언할 사태에 이르자 그해 12월 국제통화기금에 구제 금융을 신청하였 고, 국제통화기금으로부터 195억 달러, 국제부흥개발은행IBRD으 로부터 70억 달러, 아시아개발은행ADB으로부터 37억 달러를 지원받아 외환위기의 고비를 넘겼으나, 국가 채무는 늘어나게 되었다.

이에, 우리나라는 외환위기 극복을 위한 방안의 하나로 금 모으기 운동을 전개하였다. 1997년 말, 검찰과 새마을부녀회 등 일부 기관에서 간헐적으로 이루어지던 이 운동은 1998년이 되자 주택은행을 필두로 하여 은행, 방송국, 대기업 등이 참여하는 '나라 사랑 금 모으기 운동'으로 확산되었다. 그 결과 전국적으로 351만 명이 참가하여 약 227톤의 금을 모을 수 있었다. 이는 침체된 경제를 살리고자 하는 '제2의 국채보상운동'의 성격으로 전개된 것이었다.

모금된 금은 LG금속(구 럭키금속, 현 LS MnM)과 고려아연을 통하여 정제되었고, 대우 등 종합상사를 통하여 수출되었다. 금은 1998년 1분기에 224톤(환산하면 약 22억 달러)이 수출되었고, 나머지 3톤은 한국은행이 매입하였다.

우리나라는 외환위기를 전후하여 금에 대한 투자 업무(골드뱅킹)가 시작되었다. 엄밀히 말하면, 당시의 골드뱅킹은 수입 금 판매 대행이었다. 1995년부터 거의 모든 금융기관이 금을 취급하였고, 금 수입량은 1994년 58톤, 1995년 217톤, 1996년 424톤, 1997년은 606톤으로 상승세를 이루었다. 그러나 국내 외환위기 및 금 모으기 운동으로 투자수익률이 낮아져 골드뱅킹은 쇠퇴할 수밖에 없었다.

당시 국제 금 가격을 살펴보면, 런던금시장협회의 결정 가격이 1998년 1월 2일 기준으로는 1온스당 미화 288달러였는데, 3월 말에는 302달러, 4월 초에는 310달러로 점차 상승했다. 6월 말부터는 안정세를 찾아 9월 초에는 280달러 수준으로 하락하였다.

한국은행은 금 모으기 운동 기간 중 금 매입을 적극적으로 추진하지 않았다. 금이 보관 및 운송비용이 많이 들고 다른 통화에 비하여 유동성이 없는 무수익 자산이기 때문이었다. 이에 대해, 보관은 국내도 가능하다는 주장과, 유동성 문제는 달러가 안정적일 때 성립된다는 주장 등 논란은 계속 있다.

금의 유동성이 떨어지려면 달러화 가치가 안정되어야 한다는 전제조건이 충족되어야 하는데, 당시 장기 호황을 누리던 미국 경제가 거품이 끼어 달러화 가치가 15~20% 과대평가되었다는 의견이 있었다. 또한, 유럽 각국의 중앙은행들은 재정적자 규모를 유럽경제통화동맹EMU의 기준에 맞추기 위해 금을 팔았다는 의견도 제기되었다.

1998년 한국은행이 보유한 금은 13.4톤에 불과했다. 이는 6·25 전쟁 중에 미국에 소개疏開한 것(약 1톤), 1950년~1980년대 초까지 매입한 것(약 4.4톤), 국제통화기금 출자금, 기존에 미국 연방준비제도은행에 보관하던 금, 금 모으기 운동으로 사들인 것(3톤)으로 추정된다.

당시 온 나라를 떠들썩하게 만들었던 금 모으기 과정에서 어처구니없는 일들이 벌어졌다. 금 모으기 운동 자체에도 시행착오가 많았다. 금이 국제시세를 밑도는 헐값에 팔렸는가 하면, 국내 금 유통업 종사자들 중 실업자가 된 사람도 많다. 냉정하게 손익을 계산해 볼 필요가 있다.

모금 운동으로 모인 금은 대부분 해외로 팔렸다. 금 수출액은 22억 달러로 그해 1분기 수출액 323억 달러의 7%에 불과하였다. 환율이 올랐음에도 부진한 수출실적을 금 수출액이 보완해 주었다. 수출 업무를 맡은 7대 재벌기업 종합상사는 앞다투어 한 꺼번에 금을 팔기 시작했고, 공급량이 많아 금값이 떨어졌다. 거래되는 금은 국제공인 평가 기관인 런던금시장협회 등의 국제적인 공인을 받지 않았으므로, 국제 시세보다 훨씬 낮은 헐값으로 외국인의 손에 넘어갔다. 이중으로 손해를 본 것이다.

당시 LG금속, 고려아연 등 국내 금 제련업체들의 처리 능력 부족으로 상당량의 금 제련이 해외에서 이루어졌다. 잉곳 형태인 산금을 금괴로 바꿀 수 있는 제련·정련 설비가 국내에는 없었기 때문이다. 제련에 따른 부가가치가 외국 업체에 넘어간 것이다. 거기다 수집된 금은 모두 덩어리 형태로 수출되었다. 국내 세공업자가 주얼리나 장신구로 가공하여 팔면 30% 이상의 이윤을 더 남길 수 있는데도 그러지 못했다. 따라서 원료(고금)를 얻기 어려운 중소 금 세공업체들이 일자리를 잃었다. 결과적으로 200톤이 넘는 금이 아무런 산업효과 없이 해외로 흘러 나갔다. 일각의 우려대로 국부가 유출된 것이다.

더욱 놀라운 것은 금 수출 업무를 맡은 종합상사들이 금을 모으고 수출하여 외채를 갚고 있는데도, 자신들이 수출한 업체로부터 수출한 금을 다시 수입하였다는 점이다. 물론 수입된 금은 이후 다시 수출되지만, 해외 업체들은 한국의 종합상사에서 싼 값에 금을 사고 비싼 값으로 팔았으므로 이중으로 수익을 얻었음을 알 수 있다.

결국 금 모으기 운동을 통하여 국민이 모은 많은 금이 외국으로 싼값에 팔렸다가 다시 비싼 값으로 되돌아온 꼴이 되었고, 수입된 금도 대기업 구조조정과 맞물려 수출 실적 부풀리기에 사용되어 국부가 유출되었다는 여론이 지배적이다.

한국은행은 출혈 수출에 따른 국부 유출을 우려하여 금을 다시 사들이겠다고 발표하였지만, 종합상사들은 수집된 금 전량의 수출계약이 이미 끝났으므로 한국은행에 팔 금이 없다고 설명하였다. 한국은행은 겨우 3톤을 매입할 수 있었다. 매입한 금을 포함하여 당시 한국은행이 보유한 금은 13.4톤으로 매우 낮은 양이었다.

우리나라 금시장

2000년대 금시장

2000년대까지 우리나라에는 공식 금시장이 없었다. 2014년 3월 24일 한국거래소에 금시장이 개설되기 전까지, 우리나라 금시장은 주얼리 산업에 연계된 음성적 소매시장 위주의 유통구조였다. 정부는 밀수 거래되는 금, 고금古金 등의 유통을 정상화하기 위해 50년 동안 노력을 거듭했다. '귀금속 산업에 대한 실태조사' 등을 통해 2006년에는 '귀금속 보석산업 발전 방안'을 마련하기도 했으나 정상화는 지지부진했고, 2014년 3월이 되어서야 결실을 보게 되었다.

공식적인 통계는 없으나, 2004년 우리나라 금시장의 규모는 연간 4~6조 원 수준이며, 유통량은 연간 120~150톤으로 추정된다. 당시 유통된 금의 약 70%는 귀금속 보석 시장인 재래 소매상을 통하여 유통되었고, 나머지 30%는 수입, 제련을 통하여 골드바로 유통되었다.

비정상 유통 금은 홍콩·일본·중국 등지에서 국제 시세보다

싼 가격으로 국내 밀수된 금과, 일반인이 소장하던 금이 시중에서 매매되어 귀금속의 원재료로 쓰이는 경우가 대부분이었다. 정상 유통 금은 일정 요건을 갖춘 금지금 도매업자 등이 면세 추천을 받아 부가가치세 없이 금세공업자 등에게 공급한 금, 제련업자가 금속 제련 과정에서 추출한 금, 수입업자의 공식 수입금, 산업용(반도체 등)으로 수입한 금 등이 있다.

지난 2000년, 우리나라에는 금을 가공하는 영세사업체가 약 1만 8,000개, 업계 종사자가 약 3만 7,000명 있었다. 1993년에는 약 2만 개 영세사업체, 약 4만 1,000명의 업계 종사자가 있었다. 그러나 1997년 외환위기와 금 모으기 운동의 전개로 227톤의 금이 유출되어 고금시장에 원자재가 부족해졌고, 업체와 종사자의 수는 감소할 수밖에 없었다.[8]

2000년대 재래 금시장에는 관습적인 무자료 거래가 성행했다. 금 가공료를 화폐가 아니라 금 현물로 지급하는 등 유통 질서는 후진성을 벗어나지 못했다. 귀금속 세공 분야의 금지금 거래에 대한 부가세는 면제해 주고 있었으나, 밀수된 금이 국내 거래량의 약 70%를 차지하여, 정상 거래는 자연히 위축되었다.

밀수 등 무자료 거래로 유통되는 금의 가격은 수입가(100%) + 유통 마진(5%) = 105%로 형성되었고, 정상 경로로 유통되는 금 가격은 수입기(100%) + 관세(3%) + 유통 마진(0.6%) + 부가세

---

8   이동주·유동일(2006. 7. 14.), 〈한국 귀금속보석산업의 현황 및 육성방안〉, 귀금속 보석산업 활성화 방안 모색을 위한 심포지움.

(10%) = 113.96%로 형성되었다. 따라서, 무자료 거래가 정상 거래에 비해 9% 정도의 가격경쟁력이 있었다.

재래 금시장의 거래 규모는 연간 약 110톤으로 추정되지만, 세공용 면세 금 공급량은 연간 5톤에 불과한 것으로 추정된다. 이 때, 유통 중간 단계에서 매입 세금계산서 없이 밀수 금 등을 무자료로 사들여 판매하는 경우, 부가세를 포함하여 거래한 뒤 부가세를 납부하지 않은 채 폐업 및 도주하는 경우가 많았다. 이렇게 거래된 금을 일명 '폭탄금'이라 했다. 2000년대 초, 폭탄금으로 인한 탈세가 연간 5,000억 원, 7년간 약 1조 3천 600억 원에 달했다. 이와 같은 무자료 거래와 폭탄금 등을 통해 1999년부터 2004년까지 유출된 국부는 약 2조 원이었다.[9] 이에 따라, 2008년 2월 국세청은 탈세 방지를 위해 신한은행 등 지정 기관에 부가세 입금 전용계좌를 개설하여 기관이 세금을 징수한 뒤 국가에 납부하도록 하는 제도를 도입했다.

'2006 서울 국제 골드 컨퍼런스(2006년 10월 31일)'에서 당시 관세청 조사감시국장이 발표한 내용에 따르면, 2004년 국내 금 수요는 내수용 91톤, 수출용 223톤으로 총 324톤이었다. 공급은 정상 수입금 268톤, 제련 부산물 32톤, 스크랩 및 고금 1톤 등 총 301톤으로, 부족한 23톤은 밀수 금으로 충당되었다. 또한, 밀수 단속은 2004년 16건 182억 원, 2005년 33건 613억 원에 달했다.[10]

---

9   김동욱(2006. 12. 14.), "금괴 폭탄업체 통해 2조 탈세", 〈한국경제〉 참고.

최근 10년간 우리나라 금 생산 및 수요

(단위: 톤)

연도	생산량	수입	수출	수요	과부족
2014	46.1	33.4	33.0	39.7	+6.8
2015	55.8	35.2	26.5	45.5	+19.0
2016	59.4	25.0	33.5	39.2	+11.7
2017	52.8	56.6	16.0	41.2	+52.2
2018	48.6	27.9	16.2	41.0	+19.3
2019	53.5	23.0	23.5	38.9	+14.1
2020	44.6	18.7	32.8	35.4	−4.9
2021	45.0	47.0	14.1	39.6	+38.3
2022	46.0	22.0	23.9	32.4	+11.7
2023	48.0	18.7	50.9	27.6	−11.8
합계	499.8	307.5	270.4	380.5	+156.4

주: 1) 생산량은 주로 수입광석 제련부산물과 극소량의 광산금 및 재생금이다.
    2) 2022~2023년 생산량은 추정치이다. 또한, 공업용 수요량, 고금 공급량, 금
    실물사업자들의 재고금(position)이나 음성거래 소요량이 포함되지 않았다.
    3) 소형도매업자 · 세공업자 · 소매업자 · 소비자 간 결제되는 실물 금의 양, 고금수집업자와
    소형도매업자 간 음성거래 및 금 밀수출입 등, 음성시장의 흐름까지 감안하여 작성된 표이다.
출처: WGC, GFMS 등의 '글로벌 Gold Survey data'
    (재)월곡주얼리산업진흥재단, 〈한국금유통시장연구〉, 2022.08.09.
    https://w-iewel.or.kr/research_data/

밀수 사례로는 2002년 7월 경호업체 대표가 인천공항에 유압
식 전동공구 내부에 1킬로그램짜리 30개 금괴를 숨긴 뒤 휴대용
가방 속에 넣어 들어온 사례, 2002년 7월 금은방 주인과 중간거
래상이 홍콩으로부터 서울 유령회사를 통하여 유압펌프 속에 1
킬로그램짜리 금괴 20개를 넣어 33차례에 걸쳐 들어온 사례,
2004년 6월 화교華僑가 민두피 제조기에 금괴와 다이아몬드를

---

10 '2006 서울 국제 골드 컨퍼런스(2006. 10. 31.)'에서 당시 관세청 조사감시국장
   (이대복)이 발표한 내용 참고.

넣어 밀수한 사례, 인천공항 용역 직원이 환승장 부근에서 미국인으로부터 밀반입 금을 서른여섯 차례 인계받아 보석판매상에게 넘긴 사례, 인천공항 경찰대 소속 경찰이 공항 검색대 출입이 자유로운 점을 이용하여 금을 밀수한 사례, 2005년 10월 미국 국적자가 금을 가방 프레임 · 옷걸이 · 핸드백 손잡이 · 장난감으로 위장하여 밀수한 사례, 2006년 외국인 항공 승무원이 특수 제작된 금괴 밀수를 위해 두꺼운 코트를 입고 공항 검색대를 통과하려고 시도한 사례 등이 있다.

한국거래소 금시장

우리나라의 금시장은 한국거래소에 있다. 한국거래소는 '자본시장과 금융투자업에 관한 법률'에 의거하여 분리되어 있던 증권거래소, 선물거래소, 코스닥위원회, 코스닥증권시장 등 4개 기관을 통합하여 2005년 1월에 한국증권선물거래소로 설립되었다.

정부의 금 거래 양성화 계획에 따라, 한국거래소는 금융위원회 승인을 받아 KRX 금시장을 설립(2014. 3. 24.)하였다. KRX 금시장은 금 현물시장으로, 투자자는 KRX 회원인 증권사에 금 현물 전용계좌인 일반상품계좌를 개설하고 HTS, 모바일, 전화, 방문 등을 통하여 금 상품을 주식처럼 거래할 수 있다.

한국거래소의 〈금시장 운영규정〉은 금의 원활한 유통과 공정한 가격 형성을 위하여 금지금의 매매, 청산결제, 금지금의 보관과 인출 및 품질관리 등에 관련된 사항을 규정함을 목적으로 제정되었다. 〈금시장 운영규정〉과 〈운영규정 시행세칙〉은 한국거래소 홈페이지[11]에서 확인할 수 있다.

KRX 금시장에서 거래되는 금지금은 순도 99.99%의 금괴(중량 100그램·1킬로그램)로, 표면에 금지금제련업자명, 상품 순도, 중량, 제조번호 등이 각인되어야 한다. 매매거래단위 및 호가 수량은 1그램이고, 소량으로도 금을 매매할 수 있다.

거래 대금은 거래 당일 결제되어야 하고, 결제는 실물 사업자의 수요를 반영하여 하루 두 차례(오전 11시, 오후 5시) 이루어진다. 금의 품질 인증은 한국조폐공사가 맡았으며 금의 임치, 반환, 인출 등은 금 보관기관인 한국예탁결제원이 담당하고 있다. 또한, 한국거래소가 지정한 적격금지금 생산업자, 적격금지금 수입업자 및 적격금지금 유통업자만이 금을 공급할 수 있으며, 유통되는 금은 엄격한 품질관리를 통과해야 한다.

한국거래소 금시장의 회원은 일반회원과 자기매매회원으로 구분된다. 일반회원은 자기매매 외에도 수탁受託이 가능한 회원으로, 2023년 말 기준 13개 증권사가 일반회원으로 등록되어 있다. 자기매매회원은 자기자본을 이용한 거래만 가능하며 수탁이 불가능한 회원으로, 2023년 말 기준 79개 회사와 개인 사업자가 자기매매회원으로 등록되어 있다. 금지금을 공급하는 사업자 중 석격금지금 생산입자는 4개, 적격금지금 수입업자는 10개, 적격금지금 유통업자는 9개로, 이들은 모두 자기매매회원을 겸한다.

---

11 https://www.krx.co.kr/main/main.jsp.

한국거래소 금시장의 금 거래량 및 국제 금 시세

연도	거래량(톤)	거래액(조원)	시세(원/그램)	시세(달러/온스)
2014	1.0	0.04	42,330	1,187.94
2015	2.2	0.09	40,670	1,070.91
2016	4.3	0.2	45,200	1,149.31
2017	5.6	0.25	44,840	1,291.96
2018	4.7	0.2	45,970	1,280.51
2019	10.7	0.6	56,540	1,513.46
2020	26.2	1.8	66,370	1,882.26
2021	28.3	1.9	68,950	1,798.57
2022	20.0	1.5	74,360	1,808.11
2023	13.8	1.13	86,380	2,085.89
2024. 6.	8.9	0.88	102,970	2,326.28
2024. 9.	5.7	0.62	111,830	2,659.66
합계	131.4	9.21	-	-

주: 금 시세는 말일 영업일 종가(終價).
출처: KRX 정보데이터시스템, 〈투자자별 거래실적〉 〈국제금시세 동향〉. 2024. 9. 30.

　실물사업자는 금, 은 등 귀금속 매매, 중개, 생산, 가공 등을 행하는 사업자로, 까다로운 조건을 충족하면 한국거래소 금시장의 일반회원이 될 수 있다. 그러나 일반회원이 되어도 실물사업자의 주문만 수락할 수 있으므로, 자기매매회원이 되는 것이 거래에 용이하다. 적격금지금 공급업자는 적격금지금 생산, 수입, 유통업자를 포괄하여 말하는 용어이며, 모두 한국거래소의 외형요건 심사를 통과해야 한다. 생산업자는 한국조폐공사의 기술요건 심사를 통과해야 하고, 유통업자는 생산업자와 금지금 장외매입 또는 위탁생산에 관한 계약을 체결하고 있어야 한다.

한국은행 보유 금 관리 현황 및 운용 방향[12]

한국은행은 2023년 6월 27일에 '보유 금 관리현황 및 향후 금
운용 방향'을 발표하였다. 한국은행은 보유 금 104.4톤을 전량
영국중앙은행에 보관하고 있다. 영국중앙은행은 미국의 연방준
비은행에 이어 두 번째로 큰 금 보관기관으로, 2023년 4월 말 기
준 1억 6,800만 온스의 금괴와 약 40만 개의 골드바를 보관하고
있다. 과거에 한국의 보유 금은 한국은행 금고, 연방준비은행,
UBS 등에 분리 보관되어 있었지만, 금 유동성 제고 및 금대여를
통한 추가 수익 창출 등을 위하여 보관기관을 일원화하였다.

2023년 한국은행은 보유 금의 안전성, 보관 상태를 점검하고,
다른 중앙은행의 보관 및 관리상태, 시장 여건 등을 확인하고자
금 실사를 실시하였다. 금 실사는 골드바 205개(대여금을 제외한
전체 보유분의 3.05%)의 견본 검사 형태로 진행되었다. 금 실사는
통상 표본 검사 방식을 채택한다. 일부 금의 대여 거래로 장부상
보유 내용이 수시로 변동되고, 금이 여러 금고에 보관되어 있을
시 특정 장소로 옮겨서 검사해야 하기 때문이다.

한국은행은 현 시점에서는 금 보유량 확대보다는 미 달러화

---

12 2023년 6월 27일, 한국은행 외자운용원에서 〈한국은행 보유 금 관리 현황 및 향
후 금 운용 방향〉을 발표하였다. 우리나라 금시장에 큰 영향을 끼치는 내용은 아
니지만, 전례 없는 발표였기에 국민들의 많은 관심을 불러일으켰다. 영국중앙은
행에 보관하고 있는 금 관리 현황과 보관 후 첫 실사 내용, 향후 금 운용에 대한 계
획, 외환보유고에서 금의 역할 등을 비교적 상세히 서술하였다. 그러나 현재는 한
국은행 포털 사이트에서 해당 발표 자료를 찾아볼 수 없다.

유동성을 유지하는 것이 바람직하다고 하였다. 금 보유량 확대는 중기적인 관점에서 종합적으로 접근할 사항이라고 관망하였다. 외환보유고에서 금의 역할은 외환보유액 다변화 측면에서는 금을 보유하는 것이 적합하나, 가격변동성이 상대적으로 크기 때문에 위험 조정 수익률을 감안한다면 미 국채뿐만 아니라 미 주식에 비해서도 그 역할이 크지 않다고 하였다. 그러나 최근 금 가격 인상폭을 보았을 때, 한국은행의 금 관리법과 운용 방향은 너무 안정적인 편이라고 판단된다.

우리나라 금 현황(1950~1981년)

(생산량/매입량 단위: 킬로그램)

연도	생산량	한은 매입량	한은 매입단가	평균도매가	한미 공정환율
1950	462	481.9	2,100원(圓)	2,100원(圓)	1,800원(圓)
1951	237	31.5	3,000원(圓)	16,559원(圓)	6,000원(圓)
1952	548	44.2	3,000원(圓)	23,908원(圓)	–
1953	494	126.8	30환	499환	180환
1954	1,628	792.3	854환	874환	–
1955	1,483	104.2	854환	1,022환	500환
1956	1,552	83.4	560환	–	–
1957	2,071	108.6	560환	1,295환	–
1958	2,276	143.8	560환	1,356환	–
1959	2,043	119.6	560환	1,586환	–
1960	2,047	68.1	–	–	650환
1961	2,616	7.5	1,300환	2,008환	1,300환
1962	3,314	7.2	130원	198원	–
1963	2,082	3.6	130원	198원	–
1964	2,357	817.8	255원	310원	255원
1965	1,954	456.7	1.12달러	386원	–
1966	1,890	84.0	1.12달러	400원	–
1967	1,970	0.04	1.12달러	582원	–
1968	1,941	8.7	1.12달러	718원	–
1969	1,587	4.1	1.12달러	760원	–
1970	1,366	13.6	1.12달러	746원	–
1971	947	43.9	1.12달러	674원	–
1972	533	240.4	1.22달러	846원	–
1973	444	100.5	1.35달러	980원	–
1974	740	12.3	1,669원	–	–
1975	369	36.0	2,659원	–	–
1976	521	20.7	2,558원	–	–
1977	631	27.7	2,874원	–	–
1978	828	61.6	4,077원	–	–
1979	733	104.5	6,590원	–	–
1980	1,191	102.8	11,427원	–	–
1981	1,036	124.5	12,159원	–	–

주: 한은 = 한국은행. 평균도매가는 1그램 기준 가격

통화로서의 금과
국제통화제도의 변천사*

1717   영국의 조폐국장이었던 아이작 뉴턴Isaac Newton이 금화 기니guinea
       의 법정가치를 21실링으로 정했다. 이에 따라 영국 금본위제가
       시작되었고, 금 1온스의 가치를 77실링 10.5펜스로 정했다.

1785   달러는 미국 화폐로 지정된 이후 금에 연계하여 사용됐다.

1797   나폴레옹 전쟁 발발로 영국중앙은행은 금 지급을 중단했다.

1816   나폴레옹 전쟁이 끝난 뒤, 영국 화폐주조법Coinage Act이 제정되
       었다. 이에 따라, 영국에 공식적으로 금본위제가 도입되고 다
       음 해부터 1파운드 가치의 소버린Sovereign 금화가 주조되었다.
       이 법에 따르면 금 1온스(22K)의 가격은 77실링 10.5펜스로
       고정되었다.

1844   영국 의회는 은행 특허 조례Bank Charter Act를 통과시킴으로써 영
       국중앙은행 외 다른 은행이 새로운 화폐를 발행할 수 없게 했
       다. 또한, 금 가격을 안정시키기 위해 영국중앙은행에 금 매입
       의무가 부과되었다.

---

*   한국은행, 〈IMF체제 이후 국제통화금융제도에서의 금의 위치 변화 추이〉(수기
     자료) 참조.

1870~ (1900년까지) 중국을 제외한 세계 주요 국가들이 금본위제를 채택하여 자국 통화를 금에 연계시켰다. 그럼으로써 기존의 금은복본위제는 폐지되었다.

1913 미국 연방준비법에 의해서 중앙은행제도인 연방준비제도(연준)Fed가 창설되었다. 연준은 은행권 발행액의 최소 40%를 금으로 보증하는 정화준비 발행한도를 설정했다.

1917 (9월 1일) 미국이 금 수출을 금지했다.

1919 (4월 1일) 영국이 공식 허가 없는 금 수출을 금지했다.
(6월 9일) 미국이 금 수출을 재개했다.
(9월 12일) 영국 런던 금 가격 결정위원회가 설립되었다.
또한, 영국은 금본위제를 잠정 중지했다.

1925 (4월 28일) 영국이 금본위제로 복귀하였다.
(5월) 영국 금본위제법The British Gold Standard Act 1925이 제정되었고, 금 수출이 재개되었다. 공식 금평가는 1파운드당 4.86달러로, 400온스 한도 내에서 금 1온스당 77실링 10.5펜스로 태환되었다.

1931 (9월) 영국이 금본위제를 폐지했다.

1933 (4월 20일) 미국이 금태환을 중지하였다.

1934 (1월 31일) 미국은 대통령 성명을 통하여 금태환을 재개하였고, 금 1온스당 35달러로 태환하였다.

1936 (9월) 미국·영국·프랑스 3국은 상호 간 자국 통화의 교환을 대가로 금의 자유 매매를 허용하는 3자 협정을 체결하였다.

1939 (9월 3일) 제2차 세계대전 발발로 런던 금시장이 폐쇄되었다.

1944 (7월 22일) 미국 뉴햄프셔주 브레튼우즈에서 열린 연합국 통화금융회의에서 '브레튼우즈 협정'이 체결됨으로써 전후 국제통화제도의 기초 질서가 수립되었다.

1945 브레튼우즈 협정으로 국제통화기금(IMF)이 설립되고, 미 달러화를 중심으로 한 금환본위제(金換本位制)가 채택됨으로써 미 달러화의 금태환이 보증되었다. 각국은 미 달러화를 기축통화로 정했고, 금 1온스는 35달러에 고정되었다. 또한, 국제통화기금 가맹국의 통화가치를 금의 양·미 달러화로 표시하도록 했다.

1945 (12월 27일) 국제통화기금협정[1]이 발표되었다. 국제통화기금의 모든 회원국은 자국의 통화 가치를 평가할 때 미 달러화를 기축통화로 하여 금의 공식 가격을 적용하게 되었다. 이는 1944년 7월 협정에서 정했던 미 달러화의 금 가치(1달러 = 순금 0.888691그램)를 기초로 하였다.

1947 (3월) 국제통화기금이 업무를 개시하였다. 국제금융질서는 미 달러화를 기축통화로 하여 순조롭게 유지되었고, 달러 신인도(信認度)와 교환성이 확인되었다.

1954 (3월 22일) 런던 금시장이 재개되었다.

1958 국제수지 적자로 미국의 보유 금이 급격히 감소했고, 이는 달러의 금 교환성에 불안을 야기했다. 따라서 달러 신인도는 실추되고 금값이 올라 금환본위제가 동요하기 시작했다.

---

1   Articles of Agreement of the International Monetary Fund.

1960 (10월 27일) 바젤 협정이 체결되었다. 미국과 영국중앙은행이 공동으로 금 매매 조작bridging operation을 통해서 보유 금을 시장에 방출하고, 유럽 각국은 금 매입 가격 상한을 1온스당 35달러 20센트로 정했다.

1961 (11월 1일) 런던 골드풀London Gold Pool이 형성되었다. 골드풀에는 미국, 영국, 프랑스, 벨기에, 네덜란드, 스위스, 이탈리아, 서독이 참여했다. 골드풀 참가국은 필요한 경우 할당된 금을 영국중앙은행에 매각하고, 영국중앙은행은 이를 런던 금시장을 통해 매각함으로써 금 가격을 안정시키며, 금평가를 유지하였다. 국제결제은행 월례회의에서 바젤 협정을 발전 개편한 이 협정은 미국과 서유럽 통화 당국이 공동으로 금을 자유 시장에 공급하여 미국의 금 공급 부담을 완화하고 자유 시장 금가의 안정을 도모하고자 했다. 골드풀의 형성은 1960년대 금 가격의 안정화와 달러 가치의 유지에 이바지했다.

1967 (6월) 프랑스는 금 갹출을 거부하고 골드풀을 탈퇴했다.
(11월 18일) 영국은 자국 통화 1파운드당 미화 환율을 2.80달러에서 2.40달러로 내리면서 달러화에 압박을 가하였다. 이에 따라, 금 매입 효과가 발생했다.

1968 (3월 15일) 미국 정부 요청으로 런던 금시장이 잠정 폐쇄되었다.
(3월 17일) 이중금가격제가 도입되었다. 통화 당국 간의 공적 거래에는 공정가격(금 1온스당 미화 35달러)을 적용하고, 자유 시장 금가는 시장 수급 상황에 따라 결정되도록 가격을 이원화하였다.

1968 (3~4월) 워싱턴에서 열린 골드풀 7개국 중앙은행 회의에서 각국 민간 시장의 금 공급 및 매입이 정지되었으며, 골드풀이 해체되었다. 또한, 각국은 미 재무성에 금태환 요구를 자제하기로 결정했다. 이는 1967년 영국 파운드화 평가절하로 인한 금 파동을 조기 수습하고, 공적 금 보유분의 민간 유출을 방지하기 위한 것이었다.

1969 (7월 28일) 국제통화기금협정 개정안[2]이 발효되었다.

1970 새로운 준비자산인 특별인출권SDR이 정식 채택되었다. SDR의 가치는 금을 기준으로 매겨졌고, 1SDR은 순금 0.888671그램의 가치를 가졌다.

(11월) 미국의 국제수지 악화로 인한 달러 유출 증가로 인해 세계적인 달러 과잉 현상이 발생하였고, 세계적으로 달러 불안이 표면화되었다. 이에 따라, 네덜란드, 프랑스, 벨기에, 스위스 등이 미국에 과잉 달러의 금태환을 청구하였다.

1971 (8월 15일) 미국 리처드 닉슨 대통령은 긴급 성명을 발표하여 미 달러화의 금태환을 중지하였다. 이를 원인으로 국제경제에 찾아온 충격을 닉슨 쇼크Nixon Shock라고 한다.

(12월 18일) 스미스소니언 협정이 체결되었고, 금평가가 재조정되었다. 금에 대한 달러의 평가는 순금 1온스당 미화 35달러에서 38달러로 7.895% 절하되었다. 달러화의 금태환은 계속 정지 상태였고, 각국 통화의 평가가 재조정되었다.

---

2   Proposed Amendment to the Articles of Agreement of the Internatinal Monetary Fund.

1972 (5월 8일) 1차 금 공정가 인상(금에 대한 달러화 평가절하)이 시행되었다. 미 달러화는 온스당 38달러로 절하되었다.

1973 (2월 12일) 2차 금 공정가 인상이 제안되었다.

(3월 2일) 주요 중앙은행들이 외환시장에서 금 거래를 중지했다.

(3월 19일) 주요 국가 대부분이 공동변동환율제를 채택하였다. 금에 대한 달러의 평가는 순금 1온스당 미화 38달러에서 42.22 달러로 절하되었다. 2차 평가절하가 있기 전에는 1달러가 순금 0.818513그램이었으나, 절하 후에 1달러는 순금 0.736662그램이 되었다. 이에 따라 달러화 투매 현상이 발생했다

10월 18일부터 11월 13일까지 2차 금 공정가 인상이 시행되었고, 이중금가격제는 공식적으로 폐지되었다.

1974 (4월) 유럽경제공동체EEC 10개국 재무장관 회의에서 금 담보 신용공여 방법에 따른 금준비 활용 방안이 잠정적으로 합의되었다. 금의 공정가격을 폐지하고 중앙은행 간 금 결제는 시장 가격을 기준으로 하는 데에 원칙적인 합의가 이루어졌다.

(6월) 각국 중앙은행은 금을 담보로 상호 금융을 일으킬 수 있게 되었으며, 신용공여 시 금평가는 양자가 합의하였다.

(12월) 석유파동(1973. 10.) 이후 석유 수입국은 적자 보전의 재원으로 금준비를 적극 활용하고자 공정 금가의 현실화 또는 철폐를 주장하였다. 보유 금을 시장가격으로 평가하여 금융차입을 위한 담보에 활용할 수 있는 길이 마련되었으며, 이중금가격제의 사실상 폐지가 이루어졌다.

1975   (1월 1일) 미국 민간인이 금을 보유·매매할 때 재무장관의 허
        가를 받아야 한다는 규제가 철폐되었다. 1933년 루스벨트 대
        통령의 '금 개인 보유 금지' 조치 이후 처음으로 민간인에 대한
        금 보유가 허용되었다.

        (1월 6일) 미국 1차 금 공매가 시행되었다.

        (6월 30일) 미국 2차 금 공매가 시행되었다. 200만 온스의 금
        이 경매로 거래되었는데, 이는 공매 신청량의 절반에 해당하
        였다.

        (8월) 제4차 IMF 잠정위원회에서 금 공정가격제를 폐지하기
        로 합의함으로써 국제통화기금과 가맹국 간의 거래에 있어 금
        사용 의무가 철폐되었다.

        (8월 31일) 국제통화기금과 경제 선진 10개국 및 스위스는 금
        공정가격 폐지 합의에 따라 금 보유를 억제하기로 하였다. 이
        에, IMF 잠정위원회는 보유 금 약 1억 5,000만 온스 중 2,500
        만 온스(6분의 1)를 매각하여 회원국 중 저소득 국가를 위한
        특혜대출 기금을 마련했고, 2,500만 온스는 회원국에 공정가
        격으로 반환했다. 나머지 3분의 2는 당분간 보유하기로 했다.

1976   (6월 2일) 국제통화기금 1차 금 경매가 이루어졌다.

1978   (4월 1일) 국제통화기금협정에 대한 제2차 개정안[3]이 발효됨
        으로써 IMF 규정상 금의 역할은 완전히 소멸하였다.

        (5월 23일) 미국의 금 경매가 재개되었다.

---

3   Second Proposed Amendment to the Articles of Agreement of the International
     Monetarty Fund.

1979 (3월 13일) 유럽통화시스템이 구축되었다. 환율 합의에 참여한 참가국들은 유럽통화협력기금에 유럽 통화를 대가로 매 분기 20%의 금 및 미 달러화 준비금을 의무 교환하도록 하였다. 국제통화체제에서 금의 역할 부활에 대한 견해가 대두되었다. (3월) 유럽통화시스템에서 금의 화폐적 기능을 부분적으로 도입하였고, 유럽통화단위ECU: European Currency Unit를 창출하였다.

(10월) 세르비아의 베오그라드에서 열린 국제통화기금 총회에서 금의 통화적 지위 문제가 제기되었다.

(11월) 미국의 최종 금 경매 총 매각량은 약 1,700만 온스(약 530톤)였다.

1980 (5월 7일) 국제통화기금의 최종 금 경매(총 45차)가 이루어졌다. 총 2,500만 온스(778톤)가 매각되었고, 매각 가격은 온스당 평균 240달러였다.

1981 미국 레이건 정부는 금·달러 체제 복귀를 검토할 것을 시사하였다. 세계 각국은 준비자산으로서 금을 계속 보유하였고, 국제통화제도에서 금의 향방은 불확실했다.

1982 (3월) 미국금관리위원회US Gold Commission의 보고가 있었다. 다수가 금본위제 복귀를 반대하고 새로운 투자용 금화를 발행하자고 주장하였으며, 소수는 금본위제 복귀를 찬성하며 2억 5,400만 온스의 금 보유량을 유지하고, 일부를 1온스당 240달러에 매각하자고 수장했다.

1985 (9월 22일) 플라자 합의Plaza Accord가 이루어졌다. 미국, 영국, 프랑스, 서독, 일본으로 구성된 G5의 재무장관들이 환율조정 회의를 통해 달러화 강세를 시정하기로 결의하였다.

1987 (2월 22일) 루브르 합의Louvre Accord가 이루어졌다. 미 달러화의 가치 하락을 막기 위해 파리에서 체결된 합의로, 미국, 영국, 프랑스, 서독, 일본, 캐나다 6개국이 참여했다.

1992 (2월 7일) 유럽공동체EC는 유럽의 경제 및 통화 통합을 위한 마스트리흐트 조약에 조인했고, EU 회원국은 1999년 1월 1일부터 통일 통화를 사용하기로 합의하였다. 또한 유럽 각국의 중앙은행들은 유럽중앙은행체제The European System of Central Bank를 형성하였다. 이 체제는 이후 유럽중앙은행이 가입국으로부터 개시준비금 500억 ECU(유로화의 전신)에 해당하는 금 또는 외화준비자산을 청구할 수 있게 했다.

1998 11개 EU 회원국은 1999년 1월 1일부터 출범하는 유럽통화연맹EMU 가입을 확인하였다.

(7월) 유럽중앙은행 총재단회의에서는 1999년 1월 1일 이체될 395억 유로의 개시준비금initial reserves의 15%를 금으로 이체할 것을 결정했다. 또한, 금과 미 달러화로 구성된 준비금 중 20%를 해지하고, 그 금액을 ECU로 대신 예치하도록 하였다. 11개 EU 회원국(오스트리아, 벨기에, 핀란드, 프랑스, 독일, 아일랜드, 이탈리아, 룩셈부르크, 네덜란드, 포르투갈, 스페인)은 당시 보유하고 있는 금을 포함한 외화준비자산을 유럽중앙은행4에 송금하는 가이드라인을 채택하였다.

---

4 1973년 창설된 '유럽통화협력기금(EMF)'은 1994년 '유럽통화기구(EMI)'로, 1998년 '유럽중앙은행'으로 바뀌었다.

1999   (1월 1일) 유럽통화연맹이 출범하였다. 11개 회원국은 개시준
비금 395억 유로에 해당하는 금액을 유럽중앙은행에 이체하
였다. 이 중 15%는 금으로 이체되었다.

(9월 26일) '워싱턴 금 협정Washington Agreement on Gold'이라고도 불
리는 제1차 중앙은행 금 협정CBGA: Central Bank Gold Agreement이 체결
되었다. 유럽중앙은행 및 유럽경제통화동맹 11개 회원국과 영
국, 스웨덴, 스위스 중앙은행들은 금을 국제적인 통화준비의
주요한 요소로 여기고, 추후 5년간 2,000톤(1년에 400톤) 범
위에서 매각을 제한하는 협정을 체결했다. 이 협정은 2004년
9월까지 유효하며, 해당 기간 금의 리스, 선물거래, 옵션거래
를 제한하기로 합의하였다.

2004   (5월) 제2차 중앙은행 금 협정이 체결되었으며, 이 협정은
2004년 9월부터 2009년 9월까지 유효했다. 2차 협정에서 참
여국이 5년 동안 매각할 수 있는 금의 최대량은 2,500톤으로,
1차 협정 때보다 양이 늘어났다. 2차 협정에는 11개 EU 회원
국과 키프로스·그리스·몰타·슬로베니아·스웨덴·스위스·
유럽중앙은행이 참가하였다. 영국은 1차 협정 때 참여했지만,
2차부터는 참여하지 않았다.

2009   (5월) 제3차 중앙은행 금 협정이 체결되었으며, 이 협정은
2009년 9월부터 2014년 9월까지 유효했다. 기간 중 1년에
400톤, 5년간 2,000톤 범위 내 매각을 제한했다. 3차 협정에는
15개 EU 회원국과 에스토니아·라트비아·슬로베니아·스웨
덴·스위스·유럽중앙은행·국제통화기금이 참가하였다.

2011 국제통화기금은 금 협정국의 중앙은행에 금 222톤을, 시장에 금 191.3톤을 매각하였다. 이에, 국제통화기금의 준비금은 약 3,217톤(2009. 9)에서 약 2,814톤(2011. 12)으로 줄었다.

2014 (5월) 4차 중앙은행 금 협정이 체결되었으며, 유럽중앙은행을 비롯하여 18개 EU 회원국과 리투아니아·스웨덴·스위스는 이후 대량으로 금을 매각할 계획이 없음을 밝혔다.

2019 (9월) 4차에 걸친 중앙은행 금 협정이 종료되었다. 이 협정은 금 매각에 따른 가격 급락을 방지하기 위해 유럽 여러 나라의 중앙은행 간에 맺어진 협정이었다. 협정 참가국들은 금이 국제통화체제에서 중요한 요소로 존재함을 확인하였으며, 금의 자유로운 거래 보장에 합의하면서 협정을 갱신하지 않기로 했다. 협정 이후 금은 더 자유롭게 거래되고, 더 다양한 투자 기반을 가지게 되었다. 유럽중앙은행은 "중앙은행들은 금시장에 충격을 주지 않기 위해 더 이상 금 매각을 조정하지 않아도 된다"라고 설명했다.

2024 (2015~2024. 5) 중국 중앙은행의 금 매입량은 1,208.2톤, 인도 중앙은행의 금 매입량은 273.6톤이었다.

(2015~2024. 5) 러시아 중앙은행의 금 매입량은 1,391.5톤, 튀르키예 중앙은행의 금 매입량은 437.8톤이었다.

부록 2

한국은행의
금 정책 주요 내용*

1950. 5. 5.   조선 산금령(1937년 공포)이 여전히 유효하다는 것을
               확인했다. 한국은행법이 제정되었으며, 한국은행법 제
               108조에 따라 한국은행은 정부의 지시하에 모든 금과
               은화를 매매·수출입할 수 있게 되었다.

1950. 6. 27.   정부가 보유하던 지금이 미국으로 이송되었다. 그중 금
               106만 9,896그램, 은 251만 3,376그램이 포함되었다.

1951. 12. 23. 금은 매입가격 개정의 건이 통과되었다(재리 제156호).
               금에 관한 임시조치법이 공포되었다(법률 제233호,
               1973년 1월 폐지). 정부는 금의 생산과 매매에 관한 시
               책을 체계화하고, 금의 자유거래를 허용하여 금의 증
               산을 도모하고 있다.

1952. 3. 29.   금에 관한 임시조치법 시행령이 공포되었다(대통령령
               제615호). 지금은地金銀 사무취급 규정이 제정되었다(제
               65자 금융통화위원회(이하 '금통위') 의결 제정, 1981년
               12월 폐지됨). 한국은행이 금의 수출을 대행하게 되었다.

---

*   한국은행 발권과, 〈당행 금매상을 위한 주요정책 추이〉(수기 자료).

1953. 2. 15.　통화 개혁이 이루어져 화폐 단위가 '환圜'으로 변경되었다. 1환은 이전 통화로 100원圓에 해당하는 가치를 가졌다.

1953. 5. 26.　한국은행의 매입 금가 결정 및 은행 보유불 사용 허가에 관한 건이 제정되었다(재리 제874호). 한국은행 금은 매입에 대한 가격 결정 및 매도자에 대한 미화 매각에 관한 건이 제105차 금통위에서 의결되었다. (1954년 11월 폐지) 한국은행이 매입하는 금은의 가격은 미 달러화로 지급되며, 금 1그램당 1.05달러로 정해졌다. 이때 결정된 가격은 금 1그램당 60환, 은 1그램당 60전錢이었다. 금 매각 대금을 미 달러화로 받고 싶다면 언제든지 은행 보유불에서 공정환율로 금을 매각하고 미 달러화를 받을 수 있었다.

1953. 9. 28.　한국은행 매입 금가 결정 및 은행보유불 사용 허가에 관한 건(재리 제1975호)이 제정되었다.

1953. 10. 1.　한국은행 금 매입가격 인상의 건이 제113차 금통위에서 의결되고, 지금은地金銀 사무취급 규정이 개정되었다.

1953. 11. 17.　한국은행 금은 매입가격 인상에 관한 건이 제120차 금통위에서 의결되었다. (1954년 11월 폐지) 1그램당 1.05달러였던 금 매입가가 1그램당 1.12달러로 개정되었고, 매도자는 한국은행에 금 1그램당 4.5환의 제련비를 납부해야 한다는 내용이 포함되었다. 금 매각으로 취득한 달러는 수출 외환으로 인정되며, 반액은 특혜 외환으로 간주된다. 나머지 반액은 구상무역에

의한 수입 가능 품목 수입 특혜가 부여된다. 한국은행
이 매입한 금의 경우, 지금地金에만 제련 수수료를 징수
하지 않았다.

1954. 5. 4.   산금 집중조성 요령이 제18회 국무회의에서 의결되
었다. (1956년 10월 폐지)

1954. 5. 28.   한국은행 매입금 제련비 징수 폐지에 관한 건(재리 제
1206호)이 제정되었다.

1954. 6. 3.   산금 매도자에 대한 외화대부 취급 규정이 제138차
금통위에서 의결되었다. (1954년 11월 폐지)

1954. 6. 17.   금 매입 수수료 폐지에 관한 건이 제139차 금통위에
서 의결되었다. 이에 따라, 산금 4개년 계획이 책정되
어 20톤 생산을 목표로 하였으며, 새로운 산금은 한국
은행에 집중되었다. 또한, 산금을 IMF 공정가인 1그램
당 1.12달러로 외화 매상하는 동시에 매상액과 동일한
금액을 외화로 대출하는 방안이 포함되었다. 그리고
금 매입 시 제련비 징수가 폐지되었으며, 산금을 한국
은행에 매도한 자에게 외화를 대출하여 산금 생산 증
강과 한국은행 집중을 촉진하게 되었다.

1954. 11. 17. 금매상 요령 결정의 건이 제정되었다(재리 제3463호).

1954. 11. 18. 산금 환화 매상에 관한 건이 제154차 금통위에서 의
결되었다. (1956년 11월 폐지) 금을 최내한 수집하기
위해 한국은행의 금매상 가격을 환화로 지급하되, 그
가격은 재무부 내에 설치된 '금매상 가격결정위원회'
가 정하게 되었다. 또한, 한국은행 금은 매입에 대한

가격 결정 및 매도자에 대한 미화 매각에 관한 건(제
105차 금통위 의결)과 한국은행 금은 매입가격 인상에
관한 건(제120차 금통위 의결), 산금 매도자에 대한 외
화대부 취급 규정(제138차 금통위 의결)이 폐지되었다.

1954. 11. 29. 금 매입가격 결정 통지의 건이 제정되었다(재리 제
3612호).

1955. 8. 26. 한국이 국제통화기금^{IMF}에 가입하였다. 국제통화기금
가입은 1950년에 미국의 지역 연방준비은행에 소개^{紹介}
했던 금을 출자하여 이루어졌다.

1956. 9. 14. 제88회 국무회의에서 '금 생산조성 및 매상 요령'이
의결되었다. 물가 상승으로 인해 금 생산원가가 한국
은행의 환화 매상 가격을 초과하여 금매상이 부진하게
되자, 매상 가격을 외화매상제(금 1그램당 미화 1.12달
러)로 환원하였다. 매상 기금은 한국은행 보유불 중 중
석불로 충당되었으며, 매상된 금은 한국은행의 필요
확보량을 제외하고 전량 수출되었다.

1956. 10. 8. 금 생산조성 및 매상에 관한 건이 제정되었다(재리 제
6781호).

1956. 11. 1. 산금 외화 매상에 관한 건이 제11차 금통위에서 의결
되었다. 이에 따라, 금 매각 대금인 미 달러화는 매각자
의 수입 계정에 이체되며, 산금불을 수출불로 우대하
여 인기 품목을 수입할 수 있게 되었다. 금 생산증명서
(장항제련소, 상공부 발행) 소지자에 한해 매상이 가능
하며, 산금 집중조성 요령이 폐지되었다. 금 1그램당

1.12달러인 외화매상제로 환원되었으며, 환화 매각을 희망하는 자는 공정환율에 의해 대금을 환화로도 수령할 수 있게 되었다. 금 매입 외화기금이 설정되어 한국은행 보유 중석불을 산금 매입 자금에 충당하게 되었다. 산금 매입 외화 대전은 수입 계정 매각인 명의 계좌에 이체불입되며, 산금매상불山金買上弗은 수출불과 동등한 대우를 받게 되었다. 또한, 산금 환화매상에 관한 건(1954년 제154차 금통위 의결)이 폐지되었다.

1961. 2. 2. 산금 외화매상제가 폐지되었다. 외환 제도가 예치 집중제에서 전면 매상 집중제로 전환되었으며, 과거 수입 계정에 예치되어 수출불 대우를 받던 산금매상불은 예치가 허용되지 않고, 한국은행에 매각하도록 변경되었다. 이에, 환화를 대가로 금매상이 이루어지게 되었다. 외국환관리법이 제정되었다(법률 제933호). 이 법에 따라 재무부 장관은 귀금속을 소유한 자가 한국은행 등에 그 귀금속을 집중시킬 수 있도록 하였다(법률 제17조).

1962. 외국환관리법 시행령이 제정되었으며(각령 제382호), 한국은행법이 개정되었다. 한국은행법 제101조에 따라 한국은행은 재무부 장관의 인가를 받아 귀금속의 매매를 포함한 업무를 영위할 수 있게 되었다.

1962. 6. 10. 통화 개혁이 이루어져 화폐 단위가 '원'으로 변경되었다. 1원은 이전 통화로 10환에 해당하는 가치를 가졌다.

1964.	외국환관리법 시행령 제19조가 개정되었다(대통령령 제1862호). 제19조 2항에 따라, 재무부 장관은 필요할 때 한국광업제련에서 금을 100% 매입할 수 있게 되었다.
1964. 8. 27.	한국광업제련은 국내 통화를 대가로 한국은행에 금을 매각하게 할 수 있게 되었다.
1964. 9. 12.	금매상 촉진 요강이 제82차 경제장관회의에서 의결되었으며, 재무부는 금매상 촉진 요강 실시에 관하여 구체적인 지침을 발표하였다. 주요 사항으로는 금매상에 금 생산증명이 필요하지 않으며, 금을 대가로 외환증서를 발행하도록 하였다. 금 매도자가 산금업자인 경우, 일반 수출과 같게 취급하여 수출실적으로 인정하고 매상 장려금을 지급하며, 철도운임 할인을 제공하고 소득세 및 법인세를 감면하였다. 금 매입가격은 1그램당 1.12달러로 하되, 외국환 대고객매입을 적용하여 원화로 지급하거나 외환증서를 발행하도록 하였다(100달러 이상).
1964. 9. 17.	금매상 취급 규정이 제40차 금통위에서 의결되었다(1981년 11월 폐지). 같은 날 외국환 관리 규정이 제정되었고(재무부 고시 제361호), 제29조에 따르면 한국광업제련공사는 상공부장관이 지정하는 금을 한국은행에 매각하여야 한다. 매입 대상은 산금업자와 비산금업자였으며, 산금 외화 매상에 관한 건(제11차 금통위 의결)이 폐지되었다.

1965. 7. 3.	한국광업제련공사의 산금 매각이 지정되었다(상광산 1341-338호). 제42차 경제 각료 회의에서 한국광업제련공사 산금의 20%를 한국은행에 매각하도록 하는 조치가 결정되었다.
1967. 1. 21.	한국광업제련공사 산금 20% 매각 지정이 해제되었다.
1967. 12. 7.	금매상 취급 규정이 제49차 금통위에서 의결되었다. 금 매입 가격은 그램당 미화 1.12달러로 하되, 한국은행 집중 기준율에 의해 국내 통화로 지급되었다.
1972. 5. 8.	금매상 취급 규정이 제19차 금통위에서 개정되었다. IMF 금 공정가가 온스당 35달러에서 온스당 38달러로 인상되었다. 금 매입 가격은 그램당 미화 1.22달러로 인상되었고 한국은행 집중 기준율에 의해 국내 통화로 지급되었다.
1973. 1. 29.	금에 관한 임시조치법이 폐지되었다(법률 제2471호). '금매상 취급 규정'이 제30차 금통위에서 개정되었고, 대한광업진흥공사에 금 매입 권리와 의무를 부여하였다.
1973. 10. 18.	IMF 금 공정가가 온스당 38달러에서 온스당 42.22달러로 인상되었다. 금 매입 가격은 그램당 1.35달러로 인상되었고 한국은행 집중기준율에 의해 국내 통화로 지급되었다.
1981. 12. 1.	한국은행 지금은 관리 규정이 제정되었다. 1950년부터 1981년까지 우리나라의 금 생산량은 총 43,923킬로그램이었으며, 한국은행의 금 매입량은 4,406킬로그램이었다.

1981. 12. 17.	지금은 사무 취급 규정 및 금매상 취급 규정이 제25차 금통위에서 의결되어 폐지되었다. 두 규정의 내용을 정비하여 지금은 관리 규정으로 통합하였다.
1982. 7. 21.	한국은행 지금은 관리 규정이 개정되었다.
1985. 6. 11.	한국은행 지금은 관리 규정이 개정되었다.
1989. 12. 30.	한국은행 지금은 관리 규정이 개정되었다. 외국환 규제완화가 이루어졌다.
1998. 2. 6.	외환위기를 극복하기 위한 금 모으기 운동이 전국적으로 확산되었다.
1998. 4. 1.	외국환관리법이 폐지되었고, 외환 자유화와 더불어 금 수입 전면 자유화가 이루어졌다.
1999. 10. 15.	한국은행 지금은 관리 규정 및 시행 절차가 개정되었다. 1999년 한 해 동안 17킬로그램의 금을 매입하였다. 당시 한국은행 보유 금은 총 14.4톤이었다.
2002. 7.	한국은행은 금 1.3톤을 매입하고, 1.3톤을 매도하였다. (보유 금 14.4톤)
2007. 8.	한국은행은 금을 매입·매도하였다.
2009. 6.	한국은행은 금을 매입·매도하였다.
2011. 7.	한국은행은 금 40톤을 매입했다. (보유 금 54.4톤)
2012. 7.	한국은행은 금 30톤을 매입했다. (보유 금 84.4톤)
2013. 2.	한국은행은 금 20톤을 매입했다. (보유 금 104.4톤)
2023. 4.	한국은행이 영국중앙은행에 보관한 금의 실사를 진행했다.
2023. 6. 27.	한국은행이 〈한국은행 보유 금 관리현황 및 향후 금 운용 방향〉을 발표하였다.